J. SCHMITT 1964

# ŒUVRES COMPLÈTES

## DE

# SIR WALTER SCOTT.

### Traduction Nouvelle.

## PARIS,

### A. SAUTELET ET C<sup>o</sup> ET CHARLES GOSSELIN

LIBRAIRES-ÉDITEURS.

M DCCC XXVI.

ŒUVRES COMPLÈTES

DE

# SIR WALTER SCOTT.

TOME TREIZIÈME.

IMPRIMERIE DE H. FOURNIER,
RUE DE SEINE, N° 14.

# WAVERLEY,

ou

# IL Y A SOIXANTE ANS.

(𝕴𝖆𝖛𝖊𝖗𝖑𝖊𝖞, or sixty years since.)

TOME TROISIÈME.

« Sous quel prince sers-tu ? parle, vaurien, ou meurs ! »
SHAKSPEARE. *Henry IV*, partie II.

# WAVERLEY,

ou

# IL Y A SOIXANTE ANS.

(𝔚𝔞𝔳𝔢𝔯𝔩𝔢𝔶, 𝔬𝔯 𝔰𝔦𝔵𝔱𝔶 𝔶𝔢𝔞𝔯𝔰 𝔰𝔦𝔫𝔠𝔢.)

## CHAPITRE XLVI.

*La veille du jour de la bataille.*

Quoique l'armée des Highlanders eût fait une marche rapide, le soleil était près de se coucher lorsqu'elle arriva sur les hauteurs qui dominent la vaste plaine qu'on voit s'étendre du nord au midi, sur les côtes de la mer. C'est là que sont situés les deux petits villages de Seaton et de Cockenzie, et plus loin le bourg plus considérable de Preston. La route basse, qui conduit le long de la côte à Édimbourg, traversait cette plaine; elle est découverte, depuis Seaton-House jusqu'à Preston, où recommencent les murs de clôture. Le général anglais avait choisi cette route par deux motifs : premièrement, parce qu'elle était plus commode pour sa cavalerie; en second lieu, parce que, par cette manœuvre, il espérait rencontrer de front les montagnards qui venaient d'Édimbourg dans la direction opposée. Il s'était trompé dans ses calculs; le Chevalier, ou ceux qui lui servaient de conseil (1), avaient préféré laisser le passage direct entièrement libre, pour s'emparer des hauteurs.

Les montagnards se formèrent sur-le-champ en ligne de bataille, et, presque au même instant, l'avant-garde anglaise déboucha par les enclos et les arbres de Seaton, dans l'intention de venir prendre position dans la plaine. Comme l'espace qui séparait les deux armées n'était que d'un demi-mille, Waverley voyait distinctement les escadrons de dragons, les uns après les autres, précédés de leurs vedettes, se formant en ligne à mesure qu'ils arrivaient, et présentant leur front à celui de l'armée du Prince. Ils étaient soutenus par un train de pièces de campagne qui furent bientôt placées en batterie et dirigées contre les hauteurs. Ce premier corps fut suivi de trois ou quatre régimens d'infanterie, marchant en colonne serrée; leurs baïonnettes au bout du fusil semblaient des rangs successifs de barrières en fer, et leurs armes jetèrent au loin la lueur d'un vaste éclair, lorsqu'à un signal donné, ils firent une évolution soudaine pour se mettre en ligne; un second train d'artil-

(1) Plusieurs relations attribuent à lord Murray tout l'honneur de cette campagne. — Éd.

leurs et un autre régiment de cavalerie fermèrent cette longue marche, en prenant position sur le flanc gauche de l'infanterie.

Pendant que l'armée anglaise faisait ces évolutions, les Highlanders déployaient la même promptitude et la même ardeur ; de sorte que les deux armées se trouvèrent en ordre complet de bataille au même moment. Alors les Highlanders poussèrent un cri effrayant que les échos des montagnes répétèrent au loin. Les Anglais y répondirent par des cris triomphans de défi, et tirèrent en même temps quelques coups de canon sur un des avant-postes. Les montagnards se disposèrent sans retard à l'attaque.

— Voyez-vous les soldats Rouges ? dit Mac-Combich à Fergus par forme d'argument. Ils ressemblent à un œuf chancelant sur un bâton : nous avons l'avantage de l'attaque, car même un *Haggis* (1), Dieu le bénisse, les chargerait du haut de notre position.

Mais quoique le terrain que les montagnards avaient

(1) Mac-Combich fait ici une de ces comparaisons triviales, ou plutôt un de ces rapprochemens vulgaires qui dans la conversation sont remarqués d'autant plus que les objets comparés ont moins de rapport entre eux. Le *haggis* est une espèce de pudding écossais qu'on fait soit avec de la viande, soit avec de la farine d'orge, et autres ingrédiens. Le *haggis* est le grand régal de l'Écosse. Le poète Burns lui a adressé une ode où il salue sa face appétissante, et l'exalte au-dessus de tous les mets, en l'appelant

*The great chieftain of the pudding-race.*
Le noble chef du peuple des puddings.

Le haggis a été personnifié comme la bière : John Barleycorn (Jean Grain d'Orge, l'orge étant l'élément constitutif de la bière.) Le mot de *haggis* rappelle donc à Mac-Combich une idée de joie et de fête : c'est le premier mot qui lui vient, dans le besoin qu'il a de dire quelque chose de comique. — Éd.

à descendre ne fût pas très-étendu, il était impraticable, parce qu'il était couvert de fondrières, coupé par des murs, et traversé, dans toute sa longueur, par un fossé large et profond; graces à ces circonstances, la mousqueterie ennemie aurait eu de très-grands avantages. Les chefs interposèrent donc leur autorité pour réprimer l'impétuosité de leurs troupes, et se contentèrent d'envoyer quelques détachemens d'élite pour escarmoucher, et reconnaître le terrain.

Les deux armées présentaient en ce moment un spectable intéressant et peu ordinaire. La différence de l'équipement et de la discipline faisait encore mieux remarquer leurs évolutions. C'était de l'issue de leur choc que le sort actuel de l'Écosse semblait dépendre. Elles s'observaient, comme deux gladiateurs dans l'arène cherchent des yeux l'endroit le plus favorable pour s'attaquer. Les officiers supérieurs et l'état-major de chaque armée étaient facilement distingués sur la première ligne, leurs lunettes à la main, donnant des ordres, et recevant les rapports des aides-de-camp et des officiers d'ordonnance, qui, en galopant comme si cette journée pouvait être décidée par la vitesse de leurs coursiers, donnaient une nouvelle vie à ce tableau. Déjà les tirailleurs avaient commencé leurs petites attaques partielles et irrégulières. De temps en temps tombait une toque ou un chapeau, et un blessé était emporté par ses camarades. Ce n'étaient là que des escarmouches sans conséquence; car il ne convenait à aucun des deux partis de s'avancer dans cette direction. Les paysans du voisinage se montraient par momens avec prudence, comme pour épier l'issue de la lutte qui allait s'engager; et à peu de distance dans la baie étaient deux vaisseaux portant pavillon anglais, dont les ponts et les hunes étaient couverts de spectateurs moins timides.

Quand ce repos imposant eut duré quelque temps, Fergus et un autre chieftain reçurent l'ordre de faire marcher leurs clans sur le village de Preston, pour inquiéter l'armée de Cope sur son flanc droit, et la forcer à changer de position. Afin de pouvoir exécuter cet ordre, le chef de Glennaquoich occupa le cimetière de Tranent.

— Il ne pouvait choisir un poste plus favorable, dit Evan Dhu, pour ceux qui, ayant le malheur d'être tués, désireraient être enterrés en terre chrétienne.

Le général anglais, pour les débusquer, fit avancer deux canons, soutenus par un gros de cavalerie. Les dragons s'approchèrent de si près, que Waverley reconnut l'étendard de la compagnie qu'il avait commandée; il entendit les trompettes et les timbales au son desquelles il avait souvent marché; il distingua aussi les mots de commandement prononcés en anglais par le colonel pour qui il avait eu tant de respect. En jetant les yeux autour de lui et sur le costume étranger et sauvage de ses compagnons des Highlands, en entendant leurs paroles dans un dialecte grossier et inconnu, en remarquant son propre habillement, si différent de celui qu'il avait porté depuis l'enfance, il crut un instant que tout ce qu'il voyait n'était qu'un rêve bizarre, horrible et contre nature.

— Grand Dieu! pensa-t-il, suis-je donc traître à mon pays, déserteur de mon étendard, ennemi de ma terre natale, comme le disait ce pauvre Houghton en mourant?

Avant qu'il eût étouffé cette importune réflexion, son

ancien commandant, remarquable par sa grande taille et par son air martial, s'approcha lui-même pour reconnaître le terrain.

— Je puis l'ajuster maintenant, dit Callum en appuyant le canon de son fusil sur le mur derrière lequel il était caché, à soixante pas de distance environ.

Édouard frissonna, comme s'il eût été sur le point de voir commettre un parricide en sa présence.

Les cheveux blancs et l'air vénérable de son chef lui rappelèrent le respect presque filial que tous les officiers lui portaient. Mais il n'avait pas encore crié : — Arrête! qu'un vieux montagnard, placé près de Callum, lui retint le bras.

— Épargne ta poudre, lui dit-il, son heure n'est pas encore venue; mais qu'il prenne garde à lui demain..... je vois son suaire sur sa poitrine.

Callum, insensible comme un roc à toute autre considération, était très-accessible aux idées superstitieuses. Il pâlit en entendant le *Taishatr* (1), et cessa de viser.

Le colonel G\*\*\*, qui ne se doutait guère du danger qu'il venait de courir, retourna lentement à la tête de son régiment.

Cependant l'armée anglaise avait pris une autre ligne; un de ses flancs s'appuyait au rivage de la mer, l'autre au village de Preston. Cette position, présentant les mêmes obstacles pour l'attaque, Fergus reçut l'ordre de revenir à son premier poste avec son détachement; et ce mouvement força l'armée du général Cope à former un front de bataille parallèle à celui des montagnards. Ces ma-

---

(1) Le Voyant, le devin. C'est un signe certain de la mort d'une personne, lorsque le Voyant l'a aperçue ainsi enveloppée de son suaire. — Éd.

nœuvres de part et d'autre avaient pris beaucoup de temps; le jour était presque écoulé, et les deux armées se disposèrent à passer la nuit sous les armes, sans quitter leurs lignes respectives.

— Nous ne ferons rien ce soir, dit Fergus à Waverley; avant de nous endormir dans nos plaids, allons voir le baron à l'arrière-garde.

En approchant du poste de ce brave et diligent officier, ils remarquèrent avec quelle scrupuleuse prudence il avait placé ses sentinelles et ses patrouilles de nuit. Il était lui-même occupé à lire au reste de sa troupe la prière du soir d'une voix forte et sonore. Quoique ses lunettes sur le nez, et la tournure de Saunders Saunderson dans un appareil guerrier, remplissant les fonctions de clerc, eussent quelque chose de risible, les circonstances où l'on se trouvait, l'approche du péril, le costume militaire des assistans, et leurs chevaux attachés derrière eux à des piquets, concouraient à donner de la solennité à cet acte de dévotion.

— Je me suis confessé ce matin avant que vous fussiez éveillé, dit Fergus à Waverley; mais, quoique bon catholique, je ne refuserai pas de joindre mes prières à celles de ce respectable vieillard. Ils attendirent donc tranquillement que le baron eût fini.

— Mes enfans, dit M. Bradwardine en fermant son livre, frappez demain l'ennemi avec des consciences légères et des mains pesantes. Il remercia ensuite avec courtoisie Fergus et Waverley, qui lui demanda son avis sur la position des deux armées.

— Comment donc? répondit le baron: vous connaissez les paroles de Tacite: *In rebus bellicis maximè dominatur fortuna*, ce qui répond à peu près à notre proverbe national : *La fortune peut beaucoup dans la mêlée*. Mais, croyez-moi, messieurs, ce général anglais n'est pas un grand clerc. Il refroidit le courage de ses soldats en les tenant sur la défensive, indice démontré d'infériorité ou de crainte. Ils sont là-bas sous les armes, aussi inquiets que le crapaud sous le coup de la herse, tandis que nos gens se réveilleront frais et dispos demain matin..... Mais, bonne nuit, mes jeunes amis..... J'aurais bien à vous faire part d'un souci qui me trouble, mais si tout va bien demain je vous consulterai, Glennaquoich.

— Je pourrais presque appliquer à M. Bradwardine le portrait que Henry fait de Fluellen (1), dit Waverley en se rendant avec son ami à leur *bivouac :*

« Bien qu'il paraisse un peu passé de mode,
» Le zèle et la valeur animent l'Écossais (2). »

— Il a fait la guerre, répondit Fergus, et l'on ne conçoit pas comment il peut allier tant de bon sens à tant de puérilité. J'aurais voulu connaître le motif de son chagrin..... c'est sans doute au sujet de Rose..... mais écoutez : les Anglais placent leurs sentinelles pour la nuit.

Le roulement du tambour et l'accompagnement aigu des fifres retentirent tout à coup, — s'éloignèrent, — retentirent de nouveau, — et cessèrent tout-à-fait. Les trompettes et les timbales de la cavalerie exécutèrent ensuite le brillant air de guerre qui sert de signal à cette opération militaire de chaque soir, et le termi-

(1) *Henry IV* de Shakspeare. — Éd.
(2) Il y a ici une substitution de mots : Fluellen étant un Gallois l'auteur remplace *Welsh-man* par *Scotchman*. — Éd.

nèrent par une fanfare d'un accord moins éclatant et plus mélancolique.

Les deux amis, avant de se coucher, pour goûter le repos, promenèrent leurs regards autour d'eux : du côté du couchant, la voûte céleste était rayonnante d'étoiles; mais une brume d'automne, sortant de la mer, voilait l'horizon au levant, et roulait en blancs tourbillons au-dessus de la plaine où les Anglais étaient campés. Leurs avant-postes venaient jusqu'au bord du grand fossé; ils avaient allumé à divers intervalles de grands feux dont la flamme ne jetait qu'une sombre lueur, à travers l'épais brouillard qui les entourait comme d'une auréole pâle.

Les Highlanders, — « serrés comme les feuilles dans la vallée de Vallambrosa, » — étaient tous étendus sur le revers des hauteurs, et dormaient tous du plus profond sommeil, excepté les sentinelles.

— Combien de ces braves gens, dit Waverley, dormiront demain d'un sommeil encore plus profond!

— Ne pensez point à cela; ne pensez qu'à votre épée, et à la main qui vous l'a donnée : toute autre réflexion est maintenant tardive.

Cette réponse de Fergus était sans réplique; Édouard crut devoir s'en servir pour apaiser les émotions qui commençaient à troubler son ame. Il se joignit à son ami pour former avec leurs plaids réunis un lit passable. Callum s'assit près d'eux, parce qu'il était spécialement chargé du soin de veiller sur la personne du chef. Il commença, sur un air monotone, une longue et triste chanson gaëlique qui, semblable au murmure d'un vent lointain, endormit bientôt les deux amis.

## CHAPITRE XLVII.

La bataille.

Ils furent réveillés après quelques heures de sommeil, et mandés près du Prince. Ils s'y rendaient à la hâte, quand l'horloge du village sonna trois heures. Le Prince, assis sur un tas de cosses de pois, qui lui avait servi de lit, était déjà entouré de ses principaux officiers et des chefs de clan. Quand Fergus entra dans le cercle, la délibération venait d'être terminée.

— Courage, mes braves amis ! dit le Chevalier; et chacun se mit aussitôt à la tête de la troupe qu'il commandait : — Un ami fidèle s'est offert pour nous conduire par un chemin étroit et tortueux, mais praticable, qui traverse à notre droite le marais, et aboutit à la plaine où sont campés les ennemis. Cette difficulté surmontée, le ciel et vos vaillantes épées feront le reste (1).

Cette proposition causa une joie unanime, et chaque chef se hâta de mettre en ordre ses soldats, avec le moins de bruit possible.

L'armée quitta sa position par un mouvement à droite, et entra bientôt dans le sentier à travers les marais, en silence et très-rapidement; le brouillard n'ayant pas encore atteint les hauteurs, les soldats jouirent pendant quelque temps de la clarté des étoiles; mais cette faible lumière s'évanouit à l'approche du jour, et la tête de la colonne continua de descendre, plongée dans un océan de brouillards qui étendait ses vagues blanchâtres sur toute la plaine et sur la mer qui la bornait.

L'obscurité, et la nécessité de conserver de l'ordre dans un chemin étroit, marécageux et inégal, devaient présenter quelques difficultés; c'étaient cependant de moins grands inconvéniens pour les montagnards, d'après leur genre de vie, que pour toute autre troupe; ils continuèrent donc leur marche d'un pas ferme et rapide.

Lorsque le clan d'Ivor approcha de la terre ferme, en suivant les traces de ceux qui le précédaient, on entendit le cri d'une vedette, sans que le brouillard permît de distinguer le dragon qui avait parlé : — Qui va là?

— Silence ! dit Fergus, silence ! que personne ne ré-

---

(1) Les mémoires du chevalier Johnstone, aide-de-camp de lord Georges Murray, et qui fut aussi momentanément un de ceux du Prince, nomment M. Anderson, le propriétaire même du marais, comme celui qui indiqua ce passage, que le général Cope avait négligé le croyant impraticable. — Éd.

ponde s'il tient à la vie. — Avançons ! — Et ils avancèrent en silence.

La sentinelle déchargea sa carabine, et s'enfuit : au bruit de l'arme à feu succéda celui du galop de son cheval.

— *Hilax in limine latrat* (1), dit le baron de Bradwardine, qui entendit le coup; le coquin va donner l'alarme.

Le clan de Fergus avait atteint la rase campagne, naguère couverte d'une riche moisson; mais on en avait enlevé les gerbes, et il ne restait plus qu'une grande plaine, où la vue n'était interceptée par aucun arbre ni par aucun buisson. Le reste de l'armée suivait promptement, quand on entendit les tambours anglais battre la générale. Il n'entrait pas dans le plan des Highlanders de surprendre l'ennemi; aussi ils ne furent pas déconcertés en voyant qu'il était sur ses gardes, et prêt à les recevoir; cela leur fit seulement hâter les dispositions pour le combat, qui furent très-simples.

A l'est de la vaste plaine, l'armée du Prince était rangée en bataille sur deux lignes, depuis les marais jusqu'à la mer; la première était destinée à charger l'ennemi, la seconde à former la réserve; la cavalerie, peu nombreuse, que le Prince commandait en personne, demeura entre les deux ailes. L'Aventurier (2) avait d'abord

---

(1) *Hylax* ( nom classique d'un chien ) aboie sur la porte. — Tr.

(2) *The adventurer*. Ce mot ne doit pas être pris ici en trop mauvaise part. L'auteur veut dire que Charles-Édouard était un prince de roman, un héros aventurier. Cette remarque est d'autant plus à propos, que sir Walter Scott nous le montre brave au moment du péril, malgré tout ce qu'on a répété de sa prétendue lâcheté. — Ed.

manifesté le désir de charger à la tête de la première ligne, et n'avait abandonné son projet qu'à regret, cédant aux instances et aux prières de ceux qui l'entouraient.

Les deux lignes se portèrent en avant, la première se préparant au combat. Les clans dont elle était composée formaient chacun séparément une espèce de phalange, étroite par le front, et s'étendant sur dix, douze ou quinze rangs de profondeur, selon leur nombre; les hommes mieux armés, ou les plus nobles, car ces deux mots étaient synonymes, occupaient le front de ces subdivisions irrégulières; les autres, placés derrière, les épaulaient en quelque sorte, ce qui communiquait une impulsion physique et une double ardeur à ceux qui devaient les premiers faire face au danger.

— Otez votre plaid, Waverley! cria Fergus qui se débarrassait du sien; avant que le soleil paraisse sur la mer, nous aurons de la soie pour remplacer nos tartans.

Les hommes des clans se dépouillèrent de leurs plaids, et préparèrent leurs armes; il se fit un silence imposant d'environ trois minutes, pendant lequel se découvrant la tête, ils levèrent les yeux au ciel, et prononcèrent une courte prière. Waverley sentit alors battre son cœur, comme s'il eût voulu s'échapper de son sein. Ce n'était pas la crainte; ce n'était pas l'ardeur du combat; c'était un mélange de ces deux sentimens, une émotion nouvelle et énergique, qui l'étourdit d'abord et lui causa bientôt une espèce de fièvre et de délire. Le son des instrumens de guerre vint augmenter encore son enthousiasme. Les cornemuses jouèrent leurs pibrochs, et les clans fondirent sur les Anglais en colonne serrée; puis ils ralentirent un moment le pas, et le murmure de leurs voix réunies se changea bientôt en sauvages clameurs.

En ce moment, le soleil paraissant à l'horizon, dissipa le brouillard; les vapeurs se levèrent comme un rideau, et laissèrent apercevoir les deux armées sur le point d'en venir aux mains. La ligne de l'armée anglaise était opposée directement au corps des montagnards; elle brillait par son équipement complet, et sur ses ailes étaient la cavalerie et l'artillerie; mais cette vue ne causa aucune terreur aux assaillans.

— En avant, fils d'Ivor, s'écria Fergus, ou les Camérons répandront le premier sang! Ils se précipitèrent avec un cri terrible.

Le reste de cette journée est bien connu.

La cavalerie, qui chargea les Highlanders, ayant reçu leur feu, se débanda, saisie d'une terreur panique, et s'enfuit au galop. Les artilleurs, abandonnés par la cavalerie, se sauvèrent après avoir déchargé leurs pièces contre les montagnards, qui, sans avoir recours une seconde fois à leurs fusils, tirèrent leurs claymores et fondirent avec une fureur sans égale sur l'infanterie.

Dans ce moment de terreur et de confusion, Waverley remarqua un officier anglais, paraissant d'un haut rang, seul et appuyé contre une pièce de canon, qu'après la fuite des artilleurs il avait lui-même pointée et tirée contre le clan de Mac-Ivor, qui était le plus proche de lui.

Frappé de son air martial, Waverley, voulant l'arracher à une mort inévitable, dépassa pour un moment les guerriers les plus agiles, et lui cria de se rendre; l'officier lui répondit par un coup d'épée, qu'il reçut sur son bouclier, et l'arme de l'Anglais, frappant à faux, se rompit. Au même instant, Dugald Mahony allait lui fendre la tête d'un coup de sa hache d'armes. Waverley arrêta et para le coup; l'officier, voyant que toute résistance était inutile, et étonné de la généreuse intervention d'Édouard, lui remit le tronçon de son épée. Édouard confia le prisonnier à la garde de Dugald, en lui recommandant de le traiter avec égard, sans le dépouiller, et lui promettant un dédommagement.

A la droite d'Édouard, la mêlée était encore terrible; l'infanterie anglaise, formée dans les guerres de Flandre, disputait le terrain courageusement; mais ses lignes trop étendues furent enfoncées en plusieurs endroits par les masses serrées des Highlanders, dont les armes, la force et l'agilité extraordinaires l'emportèrent sur la tactique et la discipline des Anglais (1).

Lorsqu'il jeta les yeux sur cette scène de carnage, Waverley aperçut le colonel G\*\*\*, abandonné par ses soldats, malgré ses efforts pour les rallier, et courant se mettre à la tête d'un petit corps d'infanterie qui, adossé contre le mur de son parc ( car sa maison était contiguë au champ de bataille), continuait une résistance désespérée et inutile. Waverley remarqua qu'il avait déjà reçu plusieurs blessures; ses habits et sa selle étaient couverts de sang. Il voulut sauver ce brave et digne homme, mais ne put qu'être témoin de sa mort. Les montagnards furieux, avides de ses dépouilles, se pressaient autour de lui; et, avant qu'Édouard eût pu se faire jour au milieu d'eux, il vit son ancien comman-

(1) Les rapports des officiers anglais eux-mêmes ne furent pas si favorables à cette infanterie, qui avait cependant fait ses preuves à Fontenoi. — Éd.

dant renversé de son cheval par un coup de faux, et recevant à terre plus de coups qu'il n'en eût fallu pour lui ôter vingt fois la vie. Lorsque Waverley arriva cependant, il n'avait pas encore perdu tous ses sens. Le guerrier mourant parut le reconnaître, fixa sur lui un regard de reproche mêlé de tristesse, et s'efforça de parler ; mais, sentant que la mort le gagnait, il joignit les mains comme pour faire sa prière, et rendit son ame à son créateur. Le dernier regard qu'il jeta sur Waverley le frappa bien plus profondément quand il se le rappela quelque temps après, que dans ce moment de désordre et de confusion (1).

Les cris de victoire étaient répétés par tous les échos de la plaine. La bataille était finie, tous les bagages, l'artillerie, les munitions de guerre, étaient restés au pouvoir des vainqueurs. Il n'y eut jamais victoire plus complète ; à peine quelques faibles débris avaient échappé. La cavalerie seulement, qui avait abandonné le terrain à la première charge, s'était débandée et dispersée dans le pays (2).

Autant que cela peut avoir rapport à notre histoire,

(1) On ne sait pourquoi l'auteur n'a constamment désigné que par une initiale un officier si connu, et auquel il donne un si beau rôle, en restant d'ailleurs fidèle à l'histoire. Le colonel Gardiner était en effet un brave officier et un enthousiaste religieux, tel que le peint Walter Scott. On lui attribue une réponse qui achèvera de le caractériser. Lorsqu'il partit pour Prestonpans, sa femme, émue d'un pressentiment funeste, lui témoignait une vive inquiétude : — Vous oubliez, ma chère, lui dit-il, que nous avons une ÉTERNITÉ à passer ensemble. — Éd.

(2) Le second régiment de dragons anglais qui *assistait* à la bataille de Prestonpans était commandé par le colonel Hamilton.
Éd.

il ne nous reste plus qu'à raconter le sort de Balma-whapple, qui, monté sur un cheval aussi têtu et emporté que son cavalier, poursuivit les dragons à quatre milles environ au-delà du champ de bataille. Quelques fugitifs, dans un dernier accès de courage, firent volte-face, lui fendirent le crâne, et prouvèrent par-là que le pauvre diable n'était pas sans cervelle, ce dont on avait toujours douté pendant sa vie. Sa mort causa peu de regrets. Le plus grand nombre de ceux qui le connaissaient convinrent que l'enseigne Mac-Combich avait eu raison de dire qu'il y avait eu bien d'autres morts à Sherif-Muir (1). Son ami, le lieutenant Jinker, ne se servit de son éloquence que pour disculper sa jument favorite d'avoir contribué en quelque manière à sa perte, en disant qu'il avait répété au laird mille fois, que c'était une honte de mettre une martingale à la pauvre bête, quand il pouvait la mener avec une courte bride ; et qu'elle devait nécessairement lui attirer à lui (pour ne pas dire à elle) quelque malheur, en s'abattant ou autrement, tandis que s'il eût voulu se servir d'un simple filet, il l'aurait conduite aussi facilement qu'un cheval de charrette.

Telle fut l'oraison funèbre de Balmawhapple.

(1) Sheriff-moor, près de Stirling, est une plaine fameuse par la bataille qui y fut livrée en 1715, entre les troupes du comte de Mar pour le parti des Stuarts, et les troupes du duc d'Argyle pour la maison de Hanovre. — Éd.

## CHAPITRE XLVIII.

Embarras imprévu.

La bataille fut à peine terminée, et l'ordre un peu rétabli, que le baron de Bradwardine, après avoir rempli tous les devoirs attachés à sa charge, s'empressa de se rendre auprès de Glennaquoich et de son ami Édouard Waverley. Il trouva le premier occupé du soin d'apaiser plusieurs disputes survenues parmi ses vassaux, relativement aux plus beaux faits d'armes de la journée, et plus encore pour le partage du butin. Parmi les discussions de ce genre, la plus importante concernait une montre d'or qui, sans doute, avait appartenu à quelque malheureux officier anglais. Celui des compétiteurs qui se trouva débouté de ses prétentions se consola en disant : — « *Elle* est morte depuis que Vich Ian Vohr l'a donnée à Murdoc. » — Effectivement la montre, qu'il prenait pour un animal vivant, s'était arrêtée faute d'avoir été remontée.

Ce fut au moment où cette question venait d'être décidée, que le baron Bradwardine arriva auprès des deux jeunes amis. Quoiqu'il eût un air calme et satisfait, on s'apercevait cependant qu'il avait quelque peine secrète. Il mit pied à terre, et confia son cheval d'escadron à l'un de ses domestiques. — Je ne me fâche pas souvent, dit-il à cet homme, mais si vous me jouez un de vos tours, et que vous laissiez le pauvre Berwick avant qu'il soit bien pourvu, pour courir au butin, je veux aller au diable si je ne vous tords le cou; et en parlant ainsi, il caressait de la main le cheval qui l'avait porté à travers les périls de ce jour. Après en avoir pris congé cordialement, il s'adressa au chef Mac-Ivor, et à Édouard.

—Eh bien, mes bons amis, leur dit-il, la victoire est glorieuse et décisive; je n'ai qu'un regret, c'est que ces coquins de soldats se soient sauvés si vite; j'aurais été charmé de vous faire connaître tous les détails d'une charge de cavalerie, ou d'un combat équestre, *prœlium equestre*, qui est le chef-d'œuvre et l'orgueil de l'art de la guerre; mais leur poltronnerie m'en a ravi l'occasion. Quoi qu'il en soit, j'ai eu le bonheur de tirer encore une fois l'épée pour la vieille cause!..... J'avoue, mes enfans, que je n'ai pas été aussi loin que vous, obligé, comme je l'étais, de faire garder les rangs à notre poignée de cavalerie; mais un cavalier ne doit pas envier ni rabaisser la gloire de ses frères d'armes, quoiqu'il ait couru trois fois plus de dangers qu'eux; et d'autant plus qu'avec la grace de Dieu, son tour peut venir. — Mais

Glennaquoich, et vous, Waverley, je vous prie, dans ce moment, de m'écouter l'un et l'autre avec attention, pour m'aider de vos lumières sur une affaire de la plus grande importance, et à laquelle se trouve lié l'honneur de la maison de Bradwardine. Je vous demande pardon, enseigne Mac-Combich, à vous Edderalshendrach, à vous, Inveraughlin, et à vous, monsieur.

— Ce dernier était le vieux Ballenkeiroch, qui, se rappelant la mort de son fils, regarda le baron avec un air farouche de défi. Le baron, qui prenait facilement de l'ombrage, commençait déjà à froncer le sourcil, lorsque Glennaquoich fit sortir son major, lui remontrant, d'un ton de chef, son tort de faire revivre une ancienne querelle dans les circonstances actuelles.

— La plaine est couverte de cadavres, dit le vieux montagnard s'éloignant à pas lents; un de plus y eût été à peine remarqué : et si ce n'était à cause de vous, Vich Ian Vohr, ce serait le mien ou celui de Bradwardine. Le chef le calma en l'entraînant à l'écart, et revint ensuite au baron.

— C'est Ballenkeiroch, lui dit-il à demi-voix; c'est le père du jeune homme qui périt dans la malheureuse affaire des fermes de Bradwardine, il y a huit ans.

— Ah! dit le baron en adoucissant la sévérité menaçante de ses traits, je puis souffrir beaucoup d'un homme à qui j'ai causé une si grande peine; vous avez bien fait de me le dire, Glennaquoich; il peut lancer des regards aussi sombres qu'une nuit de la Saint-Martin avant que Cosme Comyne Bradwardine s'en offense. Ah! je n'ai pas de postérité mâle, et je dois supporter beaucoup de la part d'un homme que j'ai privé de la sienne, quoique je vous aie satisfait en tout point sur cette affaire, par *assythment* et lettres de *slains* (1) — Mais, comme je le disais, je n'ai point de postérité mâle, et il faut cependant que je songe à l'honneur de ma maison ; c'est là-dessus que je voulais vous entretenir en particulier.

Les deux jeunes amis attendaient avec une curiosité inquiète. — Mes enfans, leur dit-il, d'après votre éducation, je suis persuadé que vous êtes au courant des tenures ou dépendances féodales.

— Très-particulièrement, répondit aussitôt Fergus, craignant que le baron n'entamât une discussion interminable, et il toucha Waverley, avec un signe pour l'inviter à ne pas le démentir.

— Mes jeunes amis, ajouta sir Bradwardine, vous n'ignorez pas sans doute que la tenure de baronnie de Bradwardine est d'une nature honorable et particulière, étant *blanche* ( mot que Craig (2) veut qu'on traduise en latin par *blancum*, ou plutôt *francum*, *franc-alleu*), moyennant l'obligation d'ôter ou de tirer les bottes du roi après la bataille : *pro servitio detrahendi seu exuendi caligas regis post battaliam*.....

Ici Fergus adressa à Édouard un regard de son œil

---

(1) *Assythment*, terme consacré du barreau d'Écosse, et qui signifie réparation légale, *compensation* : on appelait lettres de *slains*, ou *lettres de morts* les lettres que celui dont on avait tué le parent écrivait au meurtrier pour déclarer qu'il était satisfait, et aussi les lettres par lesquelles le meurtrier offrait une réparation. C'est de ces dernières qu'il est ici question. — Éd

(2) Sir Thomas Craig, jurisconsulte écossais distingué du seizième siècle, qui avait étudié à Paris. Il fut créé chevalier *knight* par le roi Jacques. Son Traité intitulé *Jus feodale* est toujours très-estimé. — Éd.

d'aigle, en fronçant presque imperceptiblement le sourcil, et haussant les épaules d'une manière également imperceptible.

Le baron continua : — Deux grandes difficultés se présentent à mon esprit ; la première est de savoir si, dans aucun cas, je puis être tenu de rendre le service ou hommage féodal à la personne du Prince... la charte portant expressément *les bottes du* ROI (*caligas* REGIS). Je vous prie de commencer par me donner votre avis sur cette première question, dont vous sentez toute l'importance. Le Prince a-t-il droit à mon hommage ?

— Il n'y a pas le moindre doute, répondit Mac-Ivor en gardant assez bien son sang-froid ; le Prince est Régent ; et vous savez qu'à la cour de France on rend à la personne du régent les mêmes honneurs qu'on rendrait à la personne du roi lui-même : d'ailleurs, si j'avais le choix de tirer les bottes du jeune Chevalier ou celles du roi son père, je vous avoue que je me déciderais dix fois plus volontiers pour celles du Prince.

— Oui ; mais faites attention qu'il ne s'agit pas ici de préférences personnelles. Je ne disconviens pas que l'exemple des usages établis à la cour de France ne soit d'un grand poids ; je sais très-bien que le Prince, comme un *alter ego* (1), a le droit d'exiger l'hommage de tous les grands-tenanciers de la couronne, puisque tout sujet loyal doit, selon l'acte de régence, respecter le Prince comme le roi lui-même. A Dieu ne plaise que je prétende affaiblir le lustre de son autorité en lui refusant un hommage qui doit lui donner tant de splendeur ! Car je doute que l'empereur d'Allemagne lui-même ait le droit

---

(1) Un autre Moi, un autre Roi. — ÉD.

de faire tirer ses bottes par un franc baron de l'Empire... Mais ici se présente la deuxième difficulté : Le Prince ne porte pas des bottes, mais simplement des trews et des brogues (1).

Ce second dilemme compromit presque la gravité forcée de Fergus.

— Comment! dit-il, vous connaissez le proverbe, baron : « Il est difficile d'ôter les culottes d'un montatagnard des Highlands. » Or, les bottes sont ici dans le même cas.

— Le mot *caligæ* cependant, continua le baron, veut dire plutôt sandales que *bottes* dans la signification primitive; quoique je convienne que, par les traditions de la famille et dans les anciens titres, le mot *caligæ* représente le mot bottes; et Caïus César, neveu et successeur de Tibère, reçut le surnom de Caligula *à caligulis, sive caligis levioribus, quibus adolescentior usus fuerat in exercitu Germanici, patris sui :* parce que, dans son enfance, à l'armée de Germanicus son père, il portait des sandales beaucoup plus légères que celles des soldats. Il y a plus, cette chaussure a long-temps été adoptée dans les couvens. Nous lisons dans un ancien glossaire sur la règle de saint Benoît, pour l'abbaye de Saint-Amand, que les *caligæ* étaient attachées avec des courroies.

— Ce sont de véritables *brogues*, dit Fergus.

— Je crois que vous avez raison, mon cher Glennaquoich; les termes sont clairs : *Caligæ dictæ sunt quia ligantur; nam socci non ligantur, sed tantùm intromittuntur;*

(1) Nous avons déjà dit que les *trews* étaient des pantalons écossais, et les brogues des sandales de peau de vache, percées de trous, pour pouvoir traverser plus facilement les terrains marécageux. — Éd.

c'est-à-dire, on donne le nom de sandales à cette chaussure, parce qu'on l'attache; tandis que les *socci*, qui répondent à nos pantoufles, ne sont pas attachées au pied. La charte offre aussi deux mots alternatifs, *ôter* et *tirer; exuere seu detrahere*. Le premier s'applique évidemment aux sandales ou brogues, et le dernier aux bottes. Je trouverais de plus amples renseignemens sur cette matière si je pouvais me procurer quelque savant traité sur les costumes et habillemens, *de re vestiariâ*.

— Je doute que vous parveniez à vous procurer ici le livre que vous désirez, dit Fergus en jetant les yeux sur les montagnards qui venaient de dépouiller les morts, quoiqu'on s'occupe beaucoup de la *res vestiaria* elle-même.

Cette remarque, qui cadrait parfaitement avec la bonne humeur du baron, le fit sourire; mais il reprit de suite le fil de son discours du ton le plus sérieux.

— Le bailli Macwheeble, il est vrai, dit-il, prétend que cet hommage honorable n'est dû, par sa nature même, qu'autant qu'on me le demandera, *si petatur tantum*, et que je dois attendre que Son Altesse Royale exige qu'un grand-tenancier de la couronne lui vienne offrir ce service. Le bailli m'a cité à ce sujet le cas de Grippit *versus* Spicer dans les *Doutes et Questions* de Dirliton (1), qui cite en effet cet exemple où un propriétaire fut évincé d'un domaine *ob non solutum canonem*, pour la non observation d'un canon, c'est-à-dire pour le non paiement d'une redevance féodale annuelle de trois épingles ou autres bagatelles estimées la septième partie d'un sou

---

(1) Jurisconsulte dont l'ouvrage est intitulé en anglais : *Doubts and queries*. — ÉD.

d'Écosse: et le défendeur fut *absoillé* (1); mais, sauf vos bons avis, je crois préférable de me mettre à même de rendre ce service au Prince, et de lui faire l'offre d'icelui. Je me ferai accompagner par le bailli, avec une cédule de protestation qui est déjà rédigée, et que voilà (il montra un papier), intimant que si Son Altesse Royale acceptait les soins d'un autre que le baron de Bradwardine, présent et préparé pour ôter ses *caligæ* (qu'on rende ce mot par bottes ou par brogues), cet acte ne peut en aucun cas ni nullement préjudicier aux privilèges du susdit Cosme Comyne de Bradwardine, pour remplir, par le futur, ledit service, ni donner à aucun écuyer, valet de chambre, page ou chevalier dont il plairait à Son Altesse Royale d'employer le zèle en cette occasion, le droit d'évincer ledit Cosme Comyne de Bradwardine du domaine et de la baronnie de Bradwardine et autres, possédés, comme il est mentionné ci-dessus, par la concession féodale et par la fidèle exécution des clauses d'icelle.

Fergus applaudit aux sages précautions que le baron avait méditées; et celui-ci prit congé des deux amis avec le sourire de son importance satisfaite.

— Que Dieu donne de longs jours à notre cher ami, dit Fergus à Waverley, quand il fut hors de la portée de sa voix; il est bien le plus absurde original de ce côté de la Tweed. Je voudrais lui avoir conseillé de venir ce soir au cercle du Prince avec un tire-botte sous son bras.... Je crois que je serais venu à bout de lui faire adopter cette suggestion, si j'avais pu garder mon sérieux.

(1) *Acquitté*. Il y a dans le texte *assoilzied*, vieux mot du barreau d'Écosse que l'érudit baron aurait traduit comme nous par *assoillé* ou *absoillé* en empruntant ce mot au *glossaire* de Roquefort.

Éd.

— Comment prenez-vous plaisir à rendre ridicule un homme aussi respectable !

— Avec votre permission, mon cher Waverley, vous êtes aussi ridicule que lui ! N'avez-vous pas remarqué que ce pauvre homme n'est occupé que de sa cérémonie ? Il y rêve depuis l'enfance, comme si c'était le plus beau privilège et la plus belle cérémonie du monde ! Je ne doute pas que l'espoir de trouver l'occasion de faire au Prince l'offre du *débotté* n'ait contribué en grande partie à lui faire prendre les armes. Croyez-moi, si je m'étais avisé de le contredire, il n'eût pas manqué de me traiter d'ignorant et de fat ; peut-être même aurait-il eu la fantaisie de me proposer de me couper la gorge avec lui. Il m'a déjà fait cette proposition une fois pour une pointillerie d'étiquette, moitié moins importante à ses yeux que cette question de bottes ou de brogues, quel que soit le mot que les savans profèrent pour la traduction de *caligæ*...... Mais il faut que je me rende au quartier-général pour préparer le Prince à cette scène vraiment extraordinaire. Je suis assuré d'être bien reçu ; car mon avis commencera par le faire rire, et le mettra à même de garder un air sérieux pendant la cérémonie, où le rire serait *mal à propos*. Ainsi, au revoir, mon cher Waverley.

# CHAPITRE XLIX.

Le prisonnier anglais.

Aussitôt que le chieftain fut parti, la première pensée de Waverley fut de se rendre auprès de l'officier anglais à qui il avait sauvé la vie ; il était gardé avec ses compagnons d'infortune non loin du champ de bataille, dans la maison d'un gentilhomme.

En entrant dans la pièce où les prisonniers étaient détenus, Waverley reconnut aussitôt celui qu'il cherchait, non-seulement à sa taille majestueuse, à son air de dignité, mais parce qu'il avait en faction à côté de lui Dugald Mahony, qui, la hache d'armes sur l'épaule, ne l'avait pas plus quitté que son ombre, peut-être de peur de manquer la récompense promise; il avait aussi, par ce moyen, empêché le prisonnier d'être dévalisé dans le tumulte général; car Dugald calculait judicieusement que cette considération ne pouvait que relever le prix de son service. Il s'empressa d'informer Waverley qu'il avait gardé le soldat rouge tout entier, et que depuis le moment où Son Honneur avait arrêté sa hache de Lochaber, il ne valait pas un plack de moins.

Waverley lui réitéra la promesse de le récompenser libéralement, et s'avança vers l'officier anglais pour lui témoigner combien il désirait pouvoir lui rendre quelque service qui adoucît sa mauvaise fortune.

— Je ne suis point assez novice dans la carrière des armes, lui dit l'officier anglais, pour me plaindre des chances de la guerre. Je n'ai d'autre regret que de voir de pareilles scènes au sein de notre île natale; partout ailleurs elles ne m'affecteraient que très-faiblement.

— Encore une journée semblable à celle-ci, lui dit Édouard, et je vous réponds que la cause de vos regrets n'existera plus; tout rentrera dans l'ordre et la tranquillité.

Le prisonnier se contenta de sourire et de secouer la tête.

— Dans la position où je me trouve, dit-il, je sens qu'il me siérait mal d'oser combattre votre opinion; cependant je dois vous dire que, malgré le succès que vous venez d'obtenir, et malgré la bravoure que vous avez montrée, vous êtes hors d'état de venir à bout de votre entreprise : elle est au-dessus de vos forces.

Fergus arriva en ce moment, après s'être fait jour à travers la presse : — Venez, Édouard, dit-il; le Prince couche ce soir à Pinkie-House (1). Il faut nous y

(1) A deux milles de Preston Pans. — Éd.

rendre, si nous voulons avoir le plaisir d'assister à la cérémonie des *caligæ!* Notre ami le baron s'est montré bien cruel, en forçant le bailli à venir sur le champ de bataille : vous savez que le pauvre Macwheeble frissonne à l'aspect d'un Highlander armé ou d'un fusil chargé. Dans ce moment il écoute les instructions du baron, concernant l'acte qu'il doit signifier au Prince. A chaque coup de fusil qu'il entend, il baisse la tête comme un canard qui fait le plongeon, et à chaque symptôme de peur il essuie en façon de pénitence une rebuffade sévère du baron, aux yeux de qui la décharge de toute une batterie à cent pas de distance ne serait pas une excuse suffisante pour ne pas écouter un discours dans lequel il s'agit de l'honneur de sa famille.

— Par quels moyens le baron de Bradwardine a-t-il pu parvenir à l'attirer si loin?

— Oh! voici; il était venu jusqu'à Musselbourg, dans l'espérance, je crois, de faire quelque opération de banque avec nous; et les ordres péremptoires de son maître l'ont fait avancer jusqu'à Preston lorsqu'il a su que la bataille était finie. Il se plaint amèrement de quelques-uns de nos pillards; ils ont failli le faire mourir de frayeur en lui présentant le canon de leurs pistolets; mais ils se sont contentés de n'exiger pour sa rançon qu'un sou anglais : je ne crois pas qu'il soit à propos de troubler le grand prévôt pour cette affaire. Allons, partons, mon cher Waverley.

— Waverley!..... s'écria l'officier anglais avec l'accent de la plus vive émotion : seriez-vous le neveu de sir Everard, du comté de—?

— Oui, monsieur, répondit notre héros un peu surpris du ton de la question qu'on venait de lui faire.

—Votre rencontre me réjouit et m'attriste à la fois.

—Je ne puis deviner, monsieur, ce qui peut me valoir tant d'intérêt de votre part.

—Votre oncle ne vous a-t-il jamais parlé d'un ami nommé Talbot?

—Très-souvent, monsieur, et toujours pour faire l'éloge de ce gentilhomme..... Je crois qu'il est colonel et qu'il a épousé miss Émilie Blandeville; mais je pensais que le colonel Talbot était sur le continent.

—J'en arrive; et, me trouvant en Écosse, j'ai cru que j'étais à mon poste partout où je pouvais être utile à mon pays. Oui, monsieur Waverley, je suis ce colonel Talbot : je me fais gloire de confesser que c'est à la générosité du respectable sir Everard, votre oncle, que je suis redevable de mon rang et de mon bonheur domestique. O! grand Dieu, qui m'aurait dit que je trouverais son neveu sous de pareils habits, se battant pour une cause semblable!

—Monsieur, dit fièrement Fergus, ces habits, cette cause, sont les habits et la cause de gens d'honneur.

—Si ma position ne me défendait pas de vous contredire, il me serait facile de vous démontrer que ni le courage, ni l'éclat de la naissance ne peuvent embellir une mauvaise cause. Avec la permission de M. Waverley, et surtout avec la vôtre, s'il faut aussi la demander, j'aurais quelque chose à lui dire qui concerne sa famille.

—M. Waverley, monsieur, est entièrement maître de ses actions... Édouard, je vous laisse; j'espère que, lorsque vous aurez fini vos affaires avec cette nouvelle connaissance, vous m'accompagnerez à Pinkie.

A ces mots, le chef de Glennaquoich sortit en ajustant

les plis de son plaid avec un air de hauteur et une certaine affectation.

A la demande de Waverley, le colonel eut la liberté de descendre dans un vaste jardin qui était contigu à la maison. Ils se promenèrent pendant quelque temps dans le plus profond silence : le colonel cherchait sans doute de quelle manière il entrerait en conversation; enfin il s'adressa ainsi à Édouard :

— M. Waverley, je vous suis redevable de la vie, mais je vous avoue que j'aimerais mieux l'avoir perdue que de vous voir sous l'uniforme et avec la cocarde de ces hommes!

— Colonel Talbot, j'excuse vos reproches; votre manière de penser est la suite naturelle de l'éducation que vous avez reçue, et des préjugés dans lesquels vous avez été élevé; mais je ne vois pas que vous deviez trouver extraordinaire qu'un homme, injustement attaqué dans son honneur, ait profité de la première occasion qui s'est offerte pour se venger de ses perfides calomniateurs.

— Le parti que vous avez pris n'a fait que confirmer les bruits injurieux qui circulaient déjà sur votre compte; vous avez prouvé que votre plan de conduite était tracé d'avance. Ignoreriez-vous, M. Waverley, dans quels embarras et même dans quels dangers votre conduite a jeté vos parens?

— Dangers, dites-vous?

— Oui, monsieur. Lorsque j'ai quitté l'Angleterre, votre père et votre oncle, accusés de haute trahison, avaient été obligés de donner caution; et ce n'était pas sans peine que des amis zélés étaient parvenus à la faire recevoir. Mon voyage en Écosse n'avait d'autre but que de vous tirer de l'abîme où vous vous êtes précipité.....

Je ne puis me dissimuler combien votre adhésion publique à la rébellion sera fatale aux membres de votre famille, puisque le soupçon seul leur a déjà causé tant de chagrins. Que j'ai de regret de ne pas vous avoir vu avant cette fatale démarche!

— Je ne sais, en vérité, répondit Édouard, pourquoi le colonel Talbot s'est donné tant de peine pour moi.

— M. Waverley, je suis peu sensible à l'ironie; je vous répondrai donc en donnant à vos paroles le sens le plus simple. Les bienfaits dont votre oncle m'a comblé sont plus grands que ceux dont un fils est redevable au plus tendre père. J'ai pour lui tous les sentimens d'un fils, et, comme je crois que je ne pourrai mieux lui prouver ma juste reconnaissance qu'en vous étant utile, je veux le faire, que vous y consentiez ou non. Je ne me dissimule pas combien est grande l'obligation personnelle que vous m'avez imposée aujourd'hui; mais elle n'ajoutera rien à l'ardent désir que j'avais de vous sauver, comme toute votre froideur ne saurait le refroidir.

— Il est possible, monsieur, que vous soyez guidé par les sentimens de la bienveillance; mais, permettez-moi de vous le dire, votre langage est dur, ou du moins bien tranchant.

— En arrivant en Angleterre, ajouta le colonel, je trouvai votre oncle sous la surveillance d'un messager du roi, par suite des soupçons que votre conduite avait fait naître contre lui... C'est mon meilleur ami, je vous l'ai déjà dit; c'est mon bienfaiteur, je me plais à le répéter...; il sacrifia son bonheur au mien...; il n'a jamais dit un mot, il n'a jamais eu une seule pensée qui ne fût l'expression de la plus tendre bienveillance... Je trouvai cet ami dans sa prison; aigri par le malheur, et, permettez-moi de le dire, par la cause des persécutions qu'il éprouvait. Je ne vous le dissimulerai pas, M. Waverley, votre conduite me parut très-peu louable. Vous savez peut-être que plusieurs de mes parens jouissent de quelque crédit auprès du gouvernement; je ne leur donnai pas un moment de répit jusqu'à ce que j'eusse obtenu la liberté de sir Everard, et je partis pour l'Écosse. Je vis le colonel G\*\*\*, homme dont la mort malheureuse devrait suffire pour faire exécrer à jamais cette insurrection! — Dans une conversation que j'eus avec lui, je m'aperçus que, d'après quelques circonstances postérieures et un nouvel examen des fauteurs de la mutinerie de vos soldats, mais surtout d'après la bonne opinion qu'il avait de votre caractère, il ne vous regardait plus comme aussi coupable, et je ne doutai pas que, si j'avais le bonheur de vous découvrir, je ne parvinsse à terminer cette affaire; mais la fatale insurrection a détruit toutes mes espérances. Depuis que j'ai commencé ma longue carrière militaire, c'est la première fois que j'ai vu des Anglais, saisis d'une terreur panique, fuir honteusement devant des hordes sans discipline et sans armes; et maintenant je trouve l'héritier, le fils adoptif de mon meilleur ami, partageant un triomphe qui devrait le faire rougir! ah! loin de plaindre le sort de G\*\*\*, que son sort est heureux, comparé au mien!

Il y avait tant de dignité dans le langage et dans les manières un peu fières du colonel Talbot; son accent, en parlant de l'emprisonnement de sir Everard, peignait si bien la vraie douleur, qu'Édouard se sentit mortifié et attristé en présence du prisonnier à qui il avait sauvé la vie quelques heures auparavant. Il ne fut pas fâché que Fergus vint interrompre une seconde fois leur conversation.

— Son Altesse Royale, dit ce dernier, ordonne à M. Waverley de se rendre au quartier-général. Le colonel Talbot jeta sur Édouard un regard de reproche qui n'échappa point au coup d'œil d'aigle du chef du clan.

— M. Waverley doit s'y rendre sur-le-champ, ajouta Fergus d'un ton de voix tout-à-fait emphatique. Waverley se tourna de nouveau vers le colonel :

— Nous nous reverrons, lui dit-il; mais en attendant, je vais ordonner qu'on vous fournisse tout ce dont vous pouvez avoir besoin...

— Je n'ai besoin de rien, répondit le colonel; pourquoi serais-je mieux traité que tant de braves gens qui, dans ce jour désastreux, ont préféré les blessures et la captivité à la fuite...! Que ne suis-je au nombre de ceux qui sont restés sur le champ de bataille ! Je m'estimerais heureux si j'avais la certitude que mon discours eût fait quelque impression sur votre esprit et sur votre cœur.

— Qu'on surveille exactement le colonel Talbot, dit Fergus à l'officier des montagnards : c'est la volonté expresse du Prince. C'est un prisonnier de la plus haute importance.

— Qu'on ne le laisse manquer de rien, et qu'on ait pour lui tous les égards qui sont dus à son rang, dit Waverley.

— Pourvu que ces égards puissent se concilier avec la plus stricte surveillance, répliqua Fergus.

L'officier promit de se conformer à leurs ordres; Édouard suivit Fergus à la porte du jardin, où Callum les attendait avec trois chevaux. En tournant la tête, notre héros aperçut le colonel Talbot, qu'un détachement de Highlanders ramenait dans sa prison; sur le seuil de la porte il s'arrêta pour lui faire signe avec la main, comme pour l'inviter à réfléchir sur ce qu'il venait de lui dire. — Les chevaux, dit Fergus mettant le pied à l'étrier, sont maintenant aussi communs que les mûres dans les buissons; essayons si ceux-ci nous porteront à Pinkie-House aussi rapidement qu'ils emportaient leurs *ci-devant* dragons à travers la plaine.

# CHAPITRE L.

*Détails de peu d'importance.*

— C'est le Prince, dit Fergus, qui m'envoie vous chercher; mais je suppose que vous savez de quelle importance est ce très-noble colonel Talbot comme prisonnier. On le cite comme l'un des meilleurs officiers des Habits Rouges; un ami particulier, et un favori de l'électeur lui-même, et de ce terrible héros, le duc de Cumberland, qu'on rappelle de ses *triomphes* de Fontenoi, pour venir nous dévorer tout vifs, nous autres pauvres Highlanders. Vous a-t-il dit ce que sonnent les cloches de Saint-James? Ce n'est pas, je pense, *Re-*

*tourne, Whittington*, comme celles de Bow, au temps jadis (1)?

— Fergus !

— En vérité je ne sais trop ce que l'on pourra faire de vous....... Vous tournez comme une girouette au vent de toute nouvelle doctrine. Nous venons de remporter une victoire sans égale dans l'histoire : chacun exalte votre courage jusqu'aux cieux ; le Prince brûle d'impatience de vous faire en personne ses remerciemens....... Toutes les belles de la rose blanche (2) vous

---

(1) C'est une espèce de phrase proverbiale fondée sur une tradition très-populaire dans la Grande-Bretagne, mais qui exige une note pour être comprise en France. Whittington est un des héros de l'industrie anglaise : de simple apprenti il devint assez riche pour faire présent à Henri V d'une somme de cinq cent mille livres sterling. A sa mort il laissa plusieurs fondations pieuses; et plusieurs édifices de Londres, entre autres la chapelle de Guildhall, lui sont attribués. On le représente ordinairement dans les gravures avec un chat, et l'on dit communément *Whittington et son chat,* parce qu'on prétend qu'un chat contribua beaucoup à sa fortune ; et de là mille contes sur l'histoire de ce chat, que les uns veulent avoir été un sorcier, et d'autres un bâtiment de transport nommé *le Chat.* On montre sur Highgate-Hill, près de Londres, une pierre appelée la pierre de Whittington, où l'on dit que Whittington enfant s'assit pour réfléchir à sa malheureuse destinée, lorsqu'il s'enfuyait sans argent et sans ressource de chez son maître. Ce fut là qu'il entendit ou crut entendre distinctement la cloche de l'église de Bow chanter en carillon :

> *Turn again Whittington*
> *Thrice lord mayor of London.*

Retourne, Whittington,
Trois fois lord-maire de London. — Éd.

(2) Fergus fait peut-être ici allusion à la querelle des deux roses, mais la rose blanche devint aussi l'emblème du parti des Stuarts.
Éd.

préparent des couronnes! Eh bien, vous le *preux chevalier* du jour, vous voilà penché sur le cou de votre cheval comme une marchande de beurre qui se rend au marché. Vous êtes sombre et triste comme un enterrement.

— Je suis affecté de la mort du pauvre colonel G\*\*\*; il avait été plein de bienveillance pour moi.

— Soyez triste pendant cinq à six minutes, et reprenez votre gaieté. Demain nous pourrons avoir le même sort; et qu'importe? Après la victoire, quoi de plus beau qu'un glorieux trépas! Mais ce n'est qu'un *pis aller*, après tout; souhaitons ce bonheur à nos ennemis plutôt qu'à nous-mêmes.

— Mais le colonel Talbot m'a donné la triste nouvelle que mon père et mon oncle sont en prison par ordre du gouvernement à cause de moi.

— Nous leur servirons de caution, mon ami: votre *André Ferrara* sera leur répondant, et il me tarde de le voir à Westminster-Hall!

— Ils ont déjà obtenu leur liberté par une caution plus légale.

— Alors pourquoi ton noble cœur se laisse-t-il abattre, Édouard? Penses-tu que les ministres de l'électeur aient tellement perdu l'esprit, que, dans un moment de crise, ils missent leurs ennemis en liberté, s'ils pouvaient les tenir enfermés ou les punir!...... Sois bien persuadé que le gouvernement n'a aucun moyen de retenir légalement tes parens en prison, ou qu'il a peur de nos amis, les braves Cavaliers de la vieille Angleterre. — Enfin, Waverley, vous n'avez rien à craindre pour vos parens, et nous trouverons le moyen de leur faire parvenir de vos nouvelles.

Édouard, quoique peu satisfait des réflexions de son ami, fut réduit à se taire. Il avait remarqué plusieurs fois que Fergus ne partageait que bien faiblement les sentimens des personnes qu'il aimait, à moins qu'ils ne correspondissent à ses projets du moment. Fergus s'apercevait bien de temps en temps qu'il avait offensé Waverley; mais, entièrement occupé de l'unique objet de ses espérances, il était incapable de réfléchir sérieusement sur les chagrins qu'il causait à son ami, et cette indifférence, souvent manifestée, avait un peu diminué l'attachement du jeune volontaire pour son commandant.

Le Chevalier reçut Waverley de la manière la plus affectueuse, et le complimenta sur la bravoure qu'il avait montrée. Il le prit ensuite à part, et lui adressa plusieurs questions concernant le colonel Talbot, et ses rapports avec la famille Waverley.—Je ne puis me persuader, ajouta-t-il, que ce gentilhomme, lié si particulièrement avec notre excellent ami sir Everard, et l'époux d'une dame de la famille Blandeville, dont le dévouement loyal aux vrais principes de la véritable Église d'Angleterre (1) est si connu; je ne puis me persuader, dis-je, que le colonel ne soit pas de nos amis, quoique les circonstances l'aient forcé de s'accommoder aux temps.

— D'après le langage qu'il m'a tenu aujourd'hui, dit Édouard, je suis forcé d'être là-dessus d'un avis bien opposé à celui de Votre Altesse Royale.

— Cela peut être; nous en ferons l'essai du moins. Je le mets sous votre surveillance, vous laissant la fa-

(1) Peut-être le Prince entendait ici parler de l'Église catholique plutôt que de l'anglicanisme. — Éd.

culté de vous conduire à son égard de la manière que vous jugerez convenable; je suis persuadé que vous parviendrez à connaître ses véritables sentimens sur la restauration du roi notre père.

— Je suis convaincu, répondit Waverley en s'inclinant avec respect, que si le colonel Talbot donne sa parole d'honneur, on ne doit pas craindre qu'il y manque; mais s'il refuse de la donner, j'ose espérer que Votre Altesse Royale chargera du soin de le surveiller tout autre que le neveu de son ami.

— Je ne peux le confier à personne autre que vous, répondit le Prince en souriant; puis, prenant un air plus sérieux, il ajouta: — Il est de la plus grande importance pour le bien de mon service, qu'en supposant que vous ne puissiez gagner la confiance du colonel Talbot, on puisse croire, du moins dans le public, que vous vivez ensemble dans la plus grande intimité. Vous aurez donc la complaisance de le recevoir à votre quartier; et, s'il refuse de donner sa parole d'honneur, vous réclamerez une garde convenable: je vous prie de vous occuper sans retard de cette commission; demain matin nous retournerons à Édimbourg.

Renvoyé ainsi aux environs de Preston, Waverley perdit le spectacle solennel de l'hommage du baron de Bradwardine. Mais dans ce moment il songeait si peu à tout ce qui n'était que vanité, qu'il avait oublié la cérémonie pour laquelle Fergus avait voulu exciter sa curiosité. — Le lendemain il parut une gazette officielle qui rendait compte de la bataille de Gladsmuir (1), comme les Highlanders désignèrent leur victoire. Elle annon-

(1) La plaine de Gladsmuir fut en effet le véritable champ de bataille. — Éd.

çait que le Chevalier avait tenu sa cour à Pinkie, et se terminait par le paragraphe suivant, entre autres descriptions de ce qui s'était passé dans la soirée :

« Depuis le traité fatal qui anéantit l'indépendance de la nation écossaise, nous n'avions pas eu le bonheur de voir un de nos princes recevoir l'hommage d'un des grands vassaux du royaume, et rappeler, par ces actes de féodalité, les souvenirs de notre antique histoire ainsi que la noble et chevaleresque simplicité de ces liens qui unissaient à la Couronne les guerriers qui l'avaient toujours soutenue et défendue. — Ce soir, 20 septembre, nous avons assisté à la plus touchante des cérémonies qui appartiennent aux jours de gloire de l'Écosse. Le cercle venait d'être formé, lorsque Cosme Comyne Bradwardine de Bradwardine, colonel, etc., etc., accompagné de M. D. Macwheeble, bailli de l'ancienne baronnie de Bradwardine (qui vient d'être nommé, dit-on, commissaire des guerres), s'avança gravement vers Son Altesse Royale, et la supplia de lui permettre de remplir auprès de sa personne les obligations qui lui étaient imposées par la charte octroyée à l'un de ses ancêtres par Robert Bruce. Le baron présenta la charte, en original, au grand chancelier de Son Altesse Royale, qui reçut sa demande et la fit enregistrer. Aussitôt Son Altesse Royale plaça sa jambe sur un coussin, et le baron de Bradwardine, mettant le genou droit à terre, dénoua les attaches des brogues ou sandales des Highlands, que notre jeune héros porte en témoignage de son affection pour ses braves compagnons d'armes. Cela fait, et après avoir annoncé que la cérémonie était terminée, Son Altesse Royale embrassa le brave officier, et lui dit avec émotion : — Monsieur le baron, je vous prie d'être persuadé que, sans le désir de me conformer ponctuellement à l'ordonnance de Robert Bruce, rien au monde n'aurait pu me déterminer à recevoir un pareil service de ces mains qui manient l'épée avec tant de gloire pour remettre la couronne sur la tête de mon père.

« Le baron de Bradwardine prit alors des mains de M. le commissaire Macwheeble, un acte portant que tous les points et toutes les circonstances de l'hommage avaient été accomplis, *ritè et solenniter, acta et per acta*, lequel acte a été exactement transcrit au protocole du lord grand-chancelier, dans les registres de la chancellerie. Nous apprenons qu'il est dans les intentions de Son Altesse Royale, quand le bon plaisir de Sa Majesté sera connu, d'élever le colonel Bradwardine à la pairie avec le titre de vicomte de Bradwardine et Tully-Veolan, et qu'en attendant Son Altesse Royale, au nom de son père, a bien voulu lui accorder une honorable addition d'armoiries, savoir : un tire-botte en sautoir avec une claymore nue, pour être cantonnée à droite de son écusson, et cette devise nouvelle au-dessous :

« Tire et tire. »

—Si ce n'était la plaisanterie de Fergus, pensa Waverley après la lecture de ce long et grave document, tout cela me semblerait très-ordinaire, et je serais loin d'y associer aucune idée burlesque. Eh! après tout, chaque chose a son bon et son mauvais côté ; dans le fond, je ne vois pas pourquoi le tire-botte du baron de Bradwardine ne serait pas en blason aussi parfait que les sceaux, les chariots, les navettes, les socs de charrue, les chandeliers, et plusieurs autres ustensiles, qu'on trouve sur les écussons de nos plus anciennes familles.

Mais cet épisode n'est qu'une digression que je termine pour revenir à notre histoire.

Lorsque Waverley fut de retour à Preston, il trouva le colonel Talbot entièrement remis des profondes émotions qu'il avait éprouvées dans le courant de cette fatale journée. Il avait repris son caractère naturel, qui était celui d'un gentilhomme et d'un officier anglais, noble, ouvert, généreux, mais non exempt de préventions contre les personnes qui n'étaient pas ses compatriotes, ou qui ne partageaient pas ses opinions politiques. Lorsqu'il apprit qu'il était sous la surveillance d'Édouard par ordre du Chevalier, il se contenta de dire froidement : — J'étais loin de prévoir que je serais redevable d'une si grande obligation à ce jeune homme; je l'en remercie bien sincèrement : je puis du moins me joindre à la prière de cet honnête ministre presbytérien qui disait naguère que puisqu'il était venu chercher parmi nous une couronne terrestre, il souhaitait que ses travaux fussent bientôt récompensés par une couronne céleste (1). Je vous donne volontiers ma parole d'honneur que je ne ferai pas la moindre tentative pour m'évader à votre insu : pourquoi le ferais-je, puisque mon voyage en Écosse n'avait d'autre motif que l'espoir de vous rencontrer? Je me félicite de voir mes désirs satisfaits, quoique ce ne soit pas tout-à-fait comme je l'eusse désiré; mais je présume que nous ne resterons pas long-temps ensemble. Notre *Chevalier* ( c'est un nom que nous pouvons lui donner, vous comme moi) avec ses plaids et

---

(1) Telle fut en effet la prière d'un ministre presbytérien, Macivar, *après la bataille de Preston*, lorsque les Highlanders voulurent le forcer de prier pour le Prince. — Éd.

ses toques bleues (1), ne tardera pas sans doute à continuer sa croisade vers le sud.

— Je crois, au contraire, que l'armée fera quelque séjour à Édimbourg, pour attendre des renforts.

— Et pour assiéger le château! répondit le colonel avec un sourire sardonique..... Eh bien! dans ce cas, à moins que le général Guest, mon ancien commandant, ne devienne un traître, ou que la forteresse ne tombe dans le Loch du nord (2), je crois que nous aurons le temps de faire connaissance. Je parierais que votre brave Chevalier s'est mis dans la tête que je deviendrais votre prosélyte: c'est à merveille, puisque je chercherai à vous rendre le mien..... Mais, comme je vous ai parlé aujourd'hui sous l'influence d'une émotion à laquelle je m'abandonne rarement, j'espère que vous me permettrez de différer la continuation de notre controverse, jusqu'à ce que nous nous connaissions mieux.

(2) *Blue-Bonnet.* Les Highlanders étaient ainsi désignés à cause de la toque nationale. — Éd.

(3) Il y a encore le lit de ce lac, qui sépare la ville vieille de la ville neuve; mais il est desséché depuis long-temps, quoiqu'il conserve son nom de lac, Loch-North. — Éd.

## CHAPITRE LI.

Intrigues d'amour et de politique.

Il n'est pas nécessaire de raconter dans cette histoire l'entrée triomphante du Prince dans Édimbourg, après l'affaire décisive de Preston. Nous ne rapporterons qu'une seule circonstance, parce qu'elle montre toute la grandeur d'ame de Flora Mac-Ivor.

Dans l'ivresse et le désordre de leur joie, les Highlanders qui formaient l'escorte du Prince déchargèrent plusieurs fois leurs fusils; malheureusement il y en avait qu'on avait chargés à balle. Flora était sur un balcon, agitant son mouchoir; elle fut légèrement effleurée à la tempe : Fergus, témoin de cet accident, vola vers sa sœur. Lorsqu'il eut vu que la blessure était peu de chose, il tira sa claymore pour aller fondre sur celui dont l'imprudence lui avait fait courir un si grand danger. — Pour l'amour du ciel! s'écria Flora en le retenant par son plaid, ne faites aucun mal à ce pauvre diable! Remerciez plutôt le ciel avec moi que cet accident soit arrivé à Flora Mac-Ivor; car, si un Whig en eût été la victime, on n'aurait pas manqué de dire qu'on avait fait feu sur lui à dessein.

Waverley échappa à l'alarme que lui eût fait éprouver cet accident, étant resté en arrière pour accompagner le colonel Talbot.

Ils firent la route à cheval; et, comme pour sonder mutuellement leurs sentimens, ils firent rouler la conversation sur des sujets tout-à-fait indifférens.

Quand Waverley la fit enfin tomber sur ce qui l'intéressait le plus, la position de son père et de son oncle, le colonel Talbot chercha plutôt à ranimer son courage qu'à augmenter son anxiété. Il fut encore moins porté à continuer ses reproches, lorsqu'il eut entendu l'histoire de son jeune ami, dont celui-ci lui fit toute la confidence.

— Ainsi donc, dit le colonel, vous n'avez pas agi par préméditation, pour me servir des expressions des jurisconsultes; vous avez été la dupe de quelques caresses que ce Chevalier errant italien (1) vous a faites, et des manœuvres de deux ou trois de ses recruteurs des Highlands. Vous avez fait une assez triste folie, certes; mais, grace au ciel, vous n'êtes pas aussi coupable que je le craignais; cependant vous ne devez pas songer, pour le moment, à quitter le parti que vous avez em-

---

(1) Le colonel Talbot veut dire par-là: « *un chevalier catholique romain;* » à moins qu'il ne fasse simplement allusion au séjour de Charles-Édouard en Italie. — Éd.

brassé. J'ai tout lieu de croire que, dans les discussions qui ne peuvent manquer de s'élever au milieu de cette réunion composée de tant d'élémens hétérogènes, vous vous délivrerez à temps de votre engagement imprudent. Si cela peut s'arranger ainsi, je vous conseillerais de passer en Flandre, et j'ose me flatter d'obtenir votre grace, lorsque vous aurez demeuré quelques mois sur le continent.

— Je ne puis vous permettre, colonel Talbot, dit vivement Waverley, de faire aucun plan fondé sur mon intention de déserter un parti que je puis avoir adopté peut-être un peu légèrement, mais du moins de ma propre volonté, et bien résolu à attendre le résultat de cette lutte.

— J'espère, répondit le colonel Talbot en riant, que si vous me défendez de parler, du moins vous me laisserez maître de mes pensées et de mes espérances. Dites-moi, je vous prie, n'avez-vous jamais examiné votre paquet mystérieux.

— Il est avec mon bagage; nous le trouverons à Édimbourg.

Ils arrivèrent bientôt à Édimbourg; les quartiers d'Édouard lui avaient été assignés, d'après les ordres du Prince lui-même, dans une maison agréable où il y avait une pièce pour le colonel Talbot. Waverley n'eut rien de plus pressé que d'examiner son porte-manteau. Après une courte recherche, il trouva le paquet, et l'ouvrit avec empressement.

Une première enveloppe avait pour toute adresse : *A Edward Waverley, Esq.* Elle renfermait plusieurs lettres décachetées. Les deux premières qu'il ouvrit étaient de son colonel. Dans la plus ancienne, il lui faisait de bienveillans reproches de ce qu'il n'avait aucun égard pour les conseils qu'il avait cru devoir lui donner concernant la manière dont il employait le temps de son congé. Il lui rappelait que le terme fixé pour son retour approchait : — « Sans cette circonstance, ajoutait-il, d'après les nouvelles qui circulent ici, et d'après les instructions que j'ai reçues, j'aurais été forcé de vous rappeler. Les échecs que nous avons éprouvés en Flandre, nous font craindre, au dehors, une invasion de la part de l'ennemi, et, au dedans, l'insurrection des ennemis de la maison régnante. Je vous invite donc à revenir le plus tôt possible ; votre présence est d'autant plus nécessaire que l'insubordination commence à se manifester dans votre compagnie : j'attendrai votre arrivée pour chercher à découvrir les coupables. »

La seconde était datée de huit jours plus tard ; elle était dans le style qu'avait nécessairement dû prendre le colonel, en ne recevant point de réponse à sa première. Il rappelait à Waverley ses devoirs en qualité de gentilhomme, d'officier et d'Anglais. Il l'informait de l'esprit de mutinerie et de révolte, qui s'augmentait dans sa compagnie, et surtout parmi les hommes qu'il avait amenés avec lui. Ils ne craignaient même pas de dire qu'ils n'agissaient que d'après les intentions et les ordres de leur capitaine. Le colonel témoignait la plus grande surprise de ce qu'il n'avait pas encore rejoint le régiment, malgré les ordres qu'il avait reçus ; il le conjurait, avec l'amitié d'un père et l'autorité d'un chef, de revenir sans délai. Pour plus de sûreté, disait-il par *post-scriptum*, je charge le caporal Timms de vous porter cette lettre, et de vous la remettre en main propre.

La lecture de ces lettres remplit d'amertume le cœur

d'Édouard. Il s'empressa de faire amende honorable à la mémoire de son brave et respectable colonel. — Il n'avait pu douter, se disait-il, que ses lettres ne fussent parvenues; et, les voyant négligées, quoi de plus simple que la troisième sommation qu'il avait reçue à Glennaquoich, lorsqu'il était déjà trop tard pour s'y conformer! Ce dernier ordre étant encore négligé, sa destitution, loin d'être un acte de dure sévérité, était une conséquence inévitable de ses torts apparens.

Édouard ouvrit encore une autre lettre, qui était du major de son régiment. Il lui donnait avis qu'il circulait dans le public des bruits qui compromettaient son honneur. — « On prétend, disait le major, qu'un nommé *Falconer de Ballihople*, ou un nom à peu près semblable, a proposé devant vous un toast de rébellion, et que vous l'avez souffert en silence, quoique l'outrage qu'on faisait à la famille royale fût si grossier, qu'un gentilhomme présent, dont le zèle pour la maison de Hanovre n'est pas très-ardent, s'est cru obligé de prendre fait et cause pour le gouvernement. Le capitaine Waverley a ainsi souffert qu'un étranger demandât raison de cette injure qu'il devait regarder comme personnelle! Aucun de vos frères d'armes, ajoutait le major, n'a voulu croire à ce rapport non moins injurieux pour vous que pour le régiment; ils attendent avec impatience que vous leur fournissiez les moyens de démentir cette calomnie. »

— Que pensez-vous de tout cela? lui dit le colonel Talbot, à qui Waverley remit les lettres après les avoir lues.

— Que voulez-vous que j'en pense? il y a de quoi me faire perdre la raison.

— Calmez-vous, mon jeune ami : ouvrez ces autres papiers sales que voilà.

Le premier était une lettre adressée à M. W. Ruffen, et ainsi conçue :

« Chair Monchieur,

« Quelques-uns de nos jeune gen ne veule pas mordre quoique je leur dise que vous m'avé montré le seau du jeune Squire. Mais Tims vous remetra la lettre selon vot' dezir, et dira au vieu Addam qu'il les a remise au main propre du Squire, puisqu'au vôtre c'est de même, et il sera prêt au signal et pour la bonc eglise et la bone cose :

» Votre, chair Monchieur,

» H. H. »

« *Poscrif.* Dits au Squire qu'il nous tarde de recevoir de ses nouvelles, et qu'on a des doute par ce qu'il n'écrit pas lui-même; et le lieutenant Bottler est envieux et aux aguets (1). »

— Je suppose, dit le colonel Talbot, que ce Ruffen n'est personne autre que votre Donald de la caverne, qui a intercepté vos lettres et entretenu sous votre nom une correspondance avec le pauvre diable d'Houghton.

— Cela me paraît tout-à-fait vraisemblable ; mais qui peut être cet Addam ?

— Probablement Adam est pour désigner le pau-

(1) Nous n'avons reproduit qu'une partie des fautes d'orthographe de cette lettre, de peur d'être peu intelligible. Rien n'est facile comme de la supposer très-mal écrite, en lettre de soldat.

Éd.

vre G\*\*\*, par une espèce de jeu de mots sur son nom (1).

Les autres lettres dont Talbot fit lecture prouvèrent jusqu'à l'évidence les machinations de Donald Bean.

John Hodges, un des domestiques de Waverley qui n'avait pas quitté le régiment, et fait prisonnier à Preston, était venu retrouver son ancien maître, pour rentrer à son service. Il raconta que peu de temps après que Waverley eut obtenu la permission de s'absenter, un colporteur, nommé Ruffen ou Ruthwen, connu des soldats sous le nom Willy Will (2), avait fait de fréquens voyages à la ville où le régiment était en garnison; il avait une bourse remplie d'or et d'argent, vendait sa marchandise à très-bon marché, avait régalé bien souvent les dragons de sa compagnie, était parvenu bientôt à se lier avec plusieurs d'entre eux, et surtout avec le brigadier Houghton, et un autre sous-officier nommé Timms. Il leur avait communiqué, au nom de leur capitaine, un plan pour quitter le régiment, et aller le joindre dans les Highlands, où l'on disait que les clans avaient déjà pris les armes en grand nombre. Ces jeunes gens, qui avaient été élevés dans des opinions jacobites, en tant qu'ils pouvaient avoir des opinions, et qui savaient que sir Everard leur seigneur avait toujours eu ces opinions, tombèrent aisément dans le piège.

(1) Le lecteur peut se souvenir que dans le chap. IX du 1er vol. le vieux Saunders s'occupant du jardinage est appelé

Un autre père Adam cultivant ce jardin.

Adam est comme un nom général donné aux jardiniers. Le colonel, avons-nous dit dans une note, était le colonel Gardiner, et *gardiner* signifie jardinier. — ÉD.

(2) Will le rusé. — ÉD.

Comme on savait que Waverley était assez loin dans les Highlands, on trouva moins singulier qu'il transmît ses lettres par l'intermédiaire d'un colporteur, et la vue de son cachet, bien connu, semblait rendre authentiques des négociations qu'il n'aurait pu sans danger écrire de sa propre main. On commença à deviner le complot par les propos imprudens de ceux qui y prenaient part. Willy Will prouva qu'il était bien nommé, car, dès l'instant qu'il s'aperçut qu'on avait des soupçons, il ne reparut plus. Lorsque la destitution d'Édouard Waverley fut annoncée par la gazette, une grande partie de sa compagnie se mutina, mais elle fut cernée et désarmée par le reste du régiment. Houghton et Timms furent condamnés par le conseil de guerre à perdre la vie; mais on leur permit de tirer au sort, et Timms fut la victime. Houhgton montra le plus sincère repentir; les explications et les reproches du colonel lui démontrèrent qu'il avait commis une action très-criminelle. Il est remarquable que dès que le pauvre malheureux en fut convaincu, il vit bien en même temps que l'instigateur du complot avait agi sans mission. Car, disait-il, si c'était une chose déshonorante contre l'Angleterre, le Squire devait l'ignorer. Jamais il ne fit une action contre l'honneur, jamais il n'en eut la pensée; tel était sir Everard; tels furent avant lui tous les Waverley : aussi vivrait-il et mourrait-il dans la persuasion que Ruffen avait agi sans y être autorisé.

Par cette conviction profonde, par ce langage expressif et l'assurance positive que toutes les lettres adressées à Waverley avaient été remises à Ruthwen, le colonel G\*\*\* avait été conduit à changer d'opinion sur Édouard, comme il l'avait dit à Talbot.

Le lecteur a compris depuis long-temps que Donald Bean Lean avait joué le rôle d'embaucheur. Quels avaient été ses motifs ? les voici. Naturellement audacieux, intrigant, et actif, bien plus que ne le croyait Fergus Mac-Ivor, sous la protection de qui il était obligé de vivre, mais qu'il craignait et n'aimait pas, Donald était chargé, depuis long-temps, de missions secrètes de la part de certains partisans du Chevalier. Dans cette partie politique de son métier de maraudeur, il avait pour but de s'élever au-dessus de sa situation précaire et dangereuse par quelque coup hardi. Il était surtout employé à connaître la force des régimens en garnison en Écosse, le caractère des officiers, etc. Depuis long-temps il avait jeté les yeux sur la compagnie de Waverley, comme facile à séduire. Donald croyait même que Waverley était un zélé partisan des Stuarts, ce que ne pouvait que confirmer le long séjour qu'il fit chez le baron jacobite de Bradwardine. Lorsqu'il vit donc arriver notre héros à la caverne royale, Donald ne put se persuader que ce voyage n'eût d'autre motif que la curiosité : il conçut aussitôt l'espoir d'être employé dans quelque affaire importante sous les auspices de ce riche gentilhomme anglais. Il ne changea pas d'avis parce que Waverley n'entra dans aucune explication avec lui. Sa conduite dans cette circonstance lui parut une réserve prudente ; mais piqué de n'être pas admis à la confidence d'un secret qui lui promettait des chances de fortune, il résolut de jouer un rôle dans le drame, qu'on voulût lui en donner un ou non. Dans ce dessein, pendant le sommeil de Waverley, Donald enleva son cachet pour s'en servir en temps et lieu auprès de celui des dragons qu'il découvrirait être dans les secrets du capitaine. Son premier voyage à ***, la ville où le régiment était en garnison, le désabusa de sa première supposition, mais lui ouvrit une nouvelle carrière d'intrigues. Il savait qu'il n'y avait pas de service que les amis du Chevalier récompenseraient mieux que celui d'attacher au parti jacobite une partie de l'armée régulière. Pour y parvenir il eut recours aux machinations que le lecteur connaît déjà, et qui expliquent tout ce qu'il y a d'obscur dans les événemens qui précédèrent le départ d'Édouard de Glennaquoich.

D'après les conseils du colonel Talbot, Waverley refusa de garder à son service le jeune dragon dont le récit venait de jeter un nouveau jour sur ces intrigues.

Talbot lui représenta que ce serait rendre un très-mauvais office à ce pauvre garçon, que de l'engager dans une entreprise désespérée. De quelque manière qu'elle se terminât, le témoignage de ce jeune homme pourrait servir du moins à expliquer les circonstances qui y avaient appelé Waverley lui-même.

Waverley écrivit donc à son père et à son oncle le détail abrégé de tout ce qui lui était arrivé, en leur faisant observer qu'ils ne devaient lui faire aucune réponse. Le colonel Talbot remit au jeune dragon une lettre pour le capitaine d'un des vaisseaux de guerre anglais qui croisaient dans le Frith (1) : il le priait de faire transporter ce jeune homme à Berwich, avec un passe-port pour le comté de ***. Cet homme reçut tout l'argent qu'il lui fallait pour faire un prompt voyage ; et, profitant de l'indication qui lui fut donnée, il parvint à gagner à prix d'argent un pêcheur, qui le conduisit à bord du vaisseau.

(1) Frith en écossais signifie détroit. On appelle vulgairement le Frith le détroit ou embouchure du Forth, près d'Edimbourg : *The frith of forth*. — Éd.

Fatigué de la présence de Callum Beg, qu'il regardait un peu comme l'espion de toutes ses démarches, Édouard mit à sa suite un simple paysan qui venait de prendre la cocarde blanche dans un accès de jalousie, parce que Jenny Job, qu'il aimait depuis long-temps, avait dansé pendant toute une nuit avec Bullock caporal de fusiliers anglais.

## CHAPITRE LII.

Intrigues de société et d'amour.

Le colonel Talbot témoignait à Waverley beaucoup plus d'amitié depuis que ce dernier lui avait fait ses confidences. Édouard, de son côté, estimait de plus en plus ce brave militaire. Il y avait quelque chose d'aigre dans les expressions de son antipathie ou de sa censure, quoique généralement personne ne fût plus facile à convaincre; l'habitude du commandement avait aussi donné à ses manières un air d'intolérance arbitraire, malgré le vernis de politesse qu'il avait contracté dans la fréquentation des cercles du beau monde. Comme militaire, il différait de tous ceux que Waverley avait vus. Le baron de Bradwardine était un militaire pédant. — Le major Melville, minutieusement attentif aux détails techniques de la discipline, donnait plutôt l'idée d'un homme habile à faire manœuvrer un bataillon, que d'un général propre à commander une armée. Quant à Fergus, son esprit militaire était tellement mêlé à ses plans et à ses vues d'ambition, qu'il se donnait l'air d'un petit souverain plutôt que d'un soldat. Le colonel Talbot était en tout point le type de l'officier anglais : toute son ame était dévouée au service de son roi et de son pays, sans qu'il fût enorgueilli comme le baron de connaître parfaitement la théorie de son art; ou comme le major d'en connaître les minuties; ou comme le chieftain de Glennaquoich de savoir faire servir ses talens à ses projets de fortune. Ajoutez à cela que Talbot était un homme très-instruit, et d'un goût cultivé, quoique imbu, comme nous l'avons observé déjà, de tous ces préjugés qui sont spécialement anglais.

Édouard eut le temps d'étudier en détail le caractère du colonel, parce que l'armée des montagnards perdit plusieurs semaines à faire le siège de la citadelle, et que pendant tout ce temps Waverley n'eut autre chose à faire que de partager les plaisirs qu'offre la société. Il désirait vivement que son nouvel ami consentît à se lier avec ses premières connaissances; mais après une visite ou deux le colonel lui dit, en secouant la tête, qu'il ne se sentait pas le courage de les continuer. Bien mieux, il caractérisa le baron comme le pédant le plus formaliste et le plus insupportable qu'il eût jamais rencontré de sa vie, et le chef de Glennaquoich comme un Écossais francisé, possédant toute la finesse et les qualités spécieuses de la nation chez laquelle il avait été élevé, avec la fierté, la morgue, le caractère faux et vindicatif de son Écosse. — Si le diable, dit le colonel, avait cherché un agent pour tout bouleverser dans ce malheureux pays, il ne pouvait en trouver un plus digne de sa confiance que ce jeune ambitieux, également actif, souple, méchant, et commandant en maître absolu une bande de ces coupe-jarrets, l'objet de votre admiration.

Les dames ne furent pas épargnées dans sa censure ; il convenait que Flora Mac-Ivor était une belle personne ; il trouvait miss Bradwardine très-jolie ; mais il prétendait que la première détruisait tout l'effet de ses charmes par l'affectation de ces grands airs qu'elle avait sans doute pris, disait-il, à la prétendue cour de Saint-Germain (1); quant à Rose Bradwardine, il ne croyait pas qu'il fût possible de trouver une femme plus monotone. — Le peu d'éducation qu'elle a reçue, disait-il, ne sied pas mieux à son sexe et à sa jeunesse, qu'un des vieux habits d'uniforme de son père ne lui siérait dans une soirée. — Or dans tout cela, cet excellent colonel était aveuglé par la mauvaise humeur et les préjugés nationaux. La vue d'une cocarde blanche sur le sein, d'une rose blanche dans les cheveux, et le Mac au-devant d'un nom, auraient suffi pour métamorphoser à ses yeux un ange en diable : et en effet il disait lui-même en riant, qu'il ne supporterait pas Vénus elle-même, si on l'annonçait dans un salon sous le nom de miss *Mac-Jupiter*.

Le lecteur pense bien que Waverley voyait les jeunes ladys avec d'autres yeux. Pendant tout le temps du siège, il leur rendit des visites journalières, quoiqu'il

(1) On sait que Jacques II habita le château de Saint-Germain. Le colonel appelle ici sa cour *a mock-court*, une cour de théâtre ; car il entre dans son caractère d'animosité politique de ne pas épargner les allusions ironiques aux Stuarts. — Éd.

reconnût avec douleur qu'il faisait aussi peu de progrès pour toucher le cœur de Flora, que l'armée du Chevalier pour prendre la citadelle. Flora suivit exactement le plan qu'elle s'était tracé de le traiter avec indifférence, sans affecter de l'éviter ou de fuir l'occasion de se trouver en tête-à-tête avec lui. Elle réglait ses paroles, ses regards et ses gestes, d'accord avec son système; et ni l'abattement de Waverley, ni la mauvaise humeur que Fergus laissait quelquefois entrevoir, ne purent obtenir d'elle la moindre attention, au-delà de ce qu'exige la politesse d'usage.

Mais Rose, de son côté, gagna peu à peu dans l'esprit de notre héros. Il put remarquer que, lorsqu'elle était parvenue à vaincre sa timidité naturelle, elle montrait un caractère plus élevé; que les circonstances critiques du temps semblaient éveiller en elle une certaine dignité de sentimens et de langage qu'il n'avait point observée, et qu'elle ne laissait échapper aucune occasion d'étendre ses connaissances et de perfectionner son goût.

Flora Mac-Ivor appelait Rose son élève, et s'appliquait à diriger ses études. On aurait pu faire la remarque que, lorsqu'elle se trouvait en présence d'Édouard, elle cherchait plutôt à faire briller les talens de son amie que les siens propres. Le lecteur me permettra de supposer que cette générosité et ce désintéressement étaient cachés avec la délicatesse la plus fine, de manière à éloigner toute idée d'affectation, de sorte que rien ne ressemblait moins au manège ordinaire d'une jolie femme affectant d'en prôner une autre : c'était l'amitié de David et de Jonathan comparée à l'intimité de deux fats de Bond-Street. Le fait est que, quoique l'effet fût senti, la cause en était difficilement devinée. Chacune d'elles, comme deux excellentes actrices, parfaites dans leur genre, enchantaient tous les spectateurs, sans qu'on pût se douter que Flora cédait à son amie le rôle qui devait faire paraître ses talens avec plus d'avantages.

Mais pour Waverley, Rose Bradwardine avait une attraction à laquelle peu d'hommes peuvent résister; c'était l'intérêt marqué qu'elle prenait pour tout ce qui l'intéressait lui-même.

Rose était trop jeune et trop novice pour sentir toutes les suites de sa constante sollicitude pour Édouard. Son père était trop absorbé par ses discussions savantes et militaires pour remarquer la tendre préférence de sa fille ; et Flora Mac-Ivor ne cherchait point à l'alarmer par ses remontrances, parce qu'elle voyait dans les attentions de Rose la chance la plus probable d'amener Waverley à la payer de retour. Dès la première entrevue des deux amies après les nouveaux événemens, Rose avait révélé l'état de son cœur à sa compagne plus pénétrante qu'elle, et sans le savoir elle-même. Depuis lors, Flora fut non-seulement déterminée à rejeter formellement l'amour de Waverley, mais encore elle consacra tous ses soins à transporter toutes ses affections sur Rose. Elle n'en poursuivit pas avec moins de zèle ce projet, quoique son frère, moitié en plaisantant, moitié sérieusement, eût parlé quelquefois de faire la cour à miss Bradwardine ; elle savait que Fergus avait sur l'institution du mariage toute la latitude d'opinion que l'on en a sur le continent, et qu'il n'aurait voulu de la main d'un ange que dans le but de fortifier son alliance et d'augmenter son crédit et sa fortune. Le bizarre projet du baron de vouloir dépouiller sa fille de l'héritage de Tully-Veolan, pour en revêtir un héritier mâle éloigné, semblait donc devoir être un obstacle insurmontable qui empêcherait Fergus de jamais penser sérieusement à Rose Bradwardine. En effet la tête de Fergus était un foyer perpétuel d'intrigues et de projets. Tel qu'un mécanicien plus ingénieux que persévérant, il abandonnait quelquefois un plan tout à coup et sans motif, pour s'occuper d'un autre que venait de créer son imagination, ou qu'il avait déjà laissé de côté jadis. Il était donc très-difficile de prévoir quelle ligne de conduite il suivrait définitivement dans ses projets.

Quoique Flora fût sincèrement attachée à son frère, dont elle aurait admiré l'activité et l'énergie de caractère, indépendamment des liens du sang, elle ne se dissimulait pas ses défauts, qu'elle regardait comme tout-à-fait incompatibles avec le bonheur conjugal. Elle sentait qu'une femme douce, modeste, sensible, ne trouverait point auprès de lui cette félicité qui ne peut naître que des sentimens mutuels d'une affection toujours croissante : Édouard, malgré son esprit romanesque et ses premiers rêves de gloire et de combats, lui paraissait né pour apprécier et pour goûter le bonheur de la vie domestique. Il ne cherchait pas à prendre une part très-active dans les grandes scènes qui se passaient autour de lui. Les discussions des chefs rivaux l'ennuyaient plutôt qu'elles ne l'intéressaient. Aux yeux de Flora, Édouard était l'homme qui pouvait rendre son amie heureuse, parce qu'il avait avec elle une entière conformité de sentimens.

Elle remarquait ce trait du caractère d'Édouard, un jour qu'elle était seule avec miss Bradwardine.

— Il a trop d'esprit et trop de goût, répondit Rose, pour s'intéresser à des querelles puériles. Que lui importe, par exemple, de savoir si le chef du clan des Mac-Indallaghers, qui n'a amené que cinquante hommes, doit prendre le titre de colonel ou celui de capitaine? Comment voulez-vous que M. Waverley s'occupe sérieusement de cette violente altercation qui s'éleva entre votre frère et le jeune Corrinaschian, au sujet du poste d'honneur qu'ils réclament, l'un pour le chef de la branche aînée, l'autre pour celui de la branche cadette du clan.

— Ma chère Rose, si M. Waverley possédait les qualités héroïques que vous lui supposez, il se ferait un honneur et un devoir de prendre part à ces discussions, non parce qu'elles sont très-importantes par elles-mêmes, mais parce qu'elles lui fourniraient l'occasion de s'établir médiateur entre les esprits ardens qu'elles divisent. Vous souvenez-vous du jour où Corrinaschian prit un ton si haut, en portant la main à son épée? M. Waverley se contenta de lever la tête, comme s'il se fût éveillé d'un profond sommeil, et demanda froidement de quoi il s'agissait.

— Oui ; et je me rappelle aussi que le rire occasioné par cette distraction servit beaucoup mieux à terminer la dispute que tout ce qu'il aurait pu dire.

— J'en conviens ; mais avouez, ma chère Rose, qu'il eût été bien plus honorable pour M. Waverley d'apaiser cette altercation par la force de la raison.

— Voudriez-vous lui donner la charge de pacificateur-général au milieu de ces montagnards, aussi prompts à éclater que la poudre à canon? Je vous prie de croire, ma chère Flora, que je fais une exception pour votre frère..... Il a plus de bon sens que la moitié des autres ensemble ; mais pensez-vous que tous ces furieux, dont les querelles me font mourir de peur chaque jour de la vie, puissent être comparés à Waverley !

— A Dieu ne plaise, ma chère Rose, que je le compare à ces hommes sans éducation ! Je regrette seulement qu'avec le talent et le génie qu'il a reçus de la nature, il ne cherche point à prendre dans la société la place éminente à laquelle il a droit de prétendre, et qu'il ne leur donne pas l'essor pour servir la noble cause dont il s'est déclaré le défenseur. Lochiel, et P\*\*\*, et M\*\*\*, et G\*\*\*, n'ont-ils pas reçu la plus belle éducation ? Peut-on nier qu'ils aient des talens ? Pourquoi n'imite-t-il pas leur activité utile ? Je suis tentée de croire que son zèle est refroidi par cet Anglais hypocondriaque et flegmatique dont il aime tant la société.

— Le colonel Talbot ! — C'est bien certes un homme très-déplaisant. On dirait qu'il est persuadé que, dans toute l'Écosse, il n'y a pas une seule femme qui soit digne de lui présenter une tasse de thé ; mais M. Waverley est si aimable, si instruit !

— Oui, il sait admirer la lune, et citer une stance du Tasse.

— Mais vous savez comme il s'est battu à Preston ?

— Oh ! pour ce qui est de se battre, répondit Flora, je crois que tous les hommes ( tous ceux qui sont dignes de ce nom) ont à peu près le même courage ; il en faut généralement davantage pour savoir battre en retraite. Les hommes d'ailleurs, lorsqu'ils sont en présence les uns des autres, ont un certain instinct de bataille, comme les autres animaux, tels que le taureau, le chien, etc., etc. ; mais une entreprise grande et périlleuse n'est pas le fort de Waverley : il n'aurait jamais été son célèbre aïeul sir Nigel, mais seulement le panégyriste et le poète de sir Nigel. Voulez-vous que je vous dise, ma chère, où il sera parfaitement à son aise et à sa place : — dans le paisible cercle du bonheur domestique, goûtant les plaisirs élégans de la littérature et de la société à Waverley-Honour. Là, il décorera l'antique bibliothèque du château dans le goût gothique, il en garnira les rayons des volumes les plus rares et les plus précieux, — il dessinera des plans et des paysages, fera des vers, élèvera des temples, creusera des grottes; — dans les belles nuits d'été, il s'arrêtera sous la colonnade de son portique, pour y regarder les daims errans au clair de la lune; ou étendu sous l'ombrage des vieux chênes il récitera des vers à sa belle épouse qui s'appuiera sur son bras; — et ce sera un homme heureux.

— Et son épouse sera une femme heureuse, pensa la pauvre Rose; mais elle soupira seulement, et changea d'entretien.

## CHAPITRE LIII.

*Fergus faisant la cour.*

Plus Waverley examinait de près la cour du Chevalier, moins il était satisfait. Il voyait autour de lui autant d'intrigues, de cabales, de tracasseries, qu'il peut en exister à la cour d'un des premiers souverains de l'Europe, comme on dit que le gland contient en germe tous les rameaux du chêne futur. Chaque personnage un peu marquant s'occupait de ses intérêts particuliers avec une ardeur qui paraissait à notre héros hors de proportion avec son mérite réel. Presque tous croyaient avoir des sujets de mécontentement ; les plus légitimes sans doute étaient ceux du respectable baron de Bradwardine, qui ne s'affligeait que pour la cause commune.

— Nous aurons de la peine, dit-il un jour à Waverley après avoir visité ensemble les travaux du siège; nous aurons de la peine à gagner la couronne murale. Vous savez que ces couronnes étaient faites avec les plantes et les herbes qu'on trouve dans une place prise d'assaut, ou peut-être avec l'herbe appelée *parietaire*, *parietaria*. Mais nous ne l'obtiendrons pas, dis-je, par le blocus et le siège du château d'Édimbourg. Il motiva son opinion sur de savantes citations dont nous croyons devoir faire grace au lecteur.

Waverley, en échappant au baron de Bradwardine, se rendit au logement de Fergus, d'après l'invitation qu'il en avait reçue la veille. — Demain, mon cher Waverley, lui avait-il dit, je dois avoir une conférence particulière avec le Prince. Ne manquez pas venir, à mon retour d'Holy-Rood, partager la satisfaction du succès de cette entrevue, dont je ne saurais douter.

Waverley trouva Mac-Combich dans l'appartement de son ami; il venait rendre compte au chef de l'espèce de fossé, appelé une tranchée, qu'on venait de creuser autour de la citadelle. La voix de Fergus se fit bientôt entendre sur l'escalier; il criait avec fureur : — Callum!... Callum Beg!... Diaoul (1)!

Fergus entra dans l'appartement avec tous les symptômes d'un homme agité par la plus violente colère, et il était peu de visages où la fureur se peignît en traits plus marqués que sur le sien. Les veines de son front se gonflaient comme prêtes à se rompre; ses narines se di-

---

(1 Diable! jurement. — Tr.

lataient, ses joues s'enflammaient, ses yeux étaient étincelans, et son regard rappelait un démoniaque. Son aspect était d'autant plus effrayant, qu'on s'apercevait qu'il faisait d'inutiles efforts pour contenir sa rage, et que cette lutte intérieure se montrait dans les convulsions de tous ses membres. Il déboucla son épée, et la jeta contre le mur avec la plus grande violence.— Je ne sais ce qui me retient, s'écria-t-il en grinçant des dents, de faire l'inviolable serment de ne jamais la reprendre pour son service!... Callum! charge mes pistolets... et apporte-les-moi!

Callum, que rien ne pouvait déconcerter ni troubler, exécuta tranquillement ses ordres. Evan Dhu, en soupçonnant que le chef venait de recevoir une insulte, se préparait à partager sa colère, et attendait en silence qu'il lui fît connaître le nom de l'agresseur, l'heure et le lieu de la vengeance.

—Ah! vous voilà, Waverley, dit Fergus après s'être un peu calmé... Oui, je me souviens de vous avoir invité hier à venir partager mon triomphe;..... eh bien! vous serez le témoin de mon..... désappointement.

Evan lui présenta le rapport écrit qu'il avait à la main : Fergus le repoussa avec rage :—Je voudrais, dit-il, que cet antre écrasât les imbéciles qui en font le siège, et les lâches coquins qui le défendent!..... Je vois, Édouard, que vous croyez que je suis fou... Evan, laissez-nous; mais ne vous éloignez pas.

—Le colonel a l'air un peu indisposé, dit mistress Flockhart à Mac-Combich qu'elle rencontra sur l'escalier; il faudrait lui dire de prendre quelque chose..... toutes ses veines sont tendues comme des ficelles.

—Il lui faut une petite *saignée;* c'est son remède ordinaire, répondit tranquillement l'Ancien (1) des Highlands.

— Je sais, Waverley, dit Fergus, que le colonel Talbot vous engage, vingt fois par jour, à maudire le malheureux engagement que vous avez pris avec nous;..... ne cherchez point à vouloir me faire croire le contraire; je suis tenté en ce moment de maudire le mien... Croiriez-vous que ce matin j'ai présenté deux demandes au Prince, et qu'il m'a refusé? Qu'en dites-vous?

— Pour pouvoir vous répondre, il faudrait que je connusse la nature de vos demandes.

— Et qu'importe leur nature, ne suffit-il pas que je les aie faites? Moi seul ne lui ai-je pas rendu plus de services que trois chefs ensemble? N'ai-je pas tout négocié, et fait prendre les armes à tous les clans du Perthshire, quand personne n'osait remuer? je ne suis pas fait pour rien demander de déraisonnable? Et quand cela serait, il aurait pu encore y faire attention.—Je vais vous dire tout, maintenant que je commence à respirer avec quelque liberté. Vous souvenez-vous de mes lettres-patentes de comte? Elles ont dix ans de date; elles étaient la récompense des services que j'avais déjà rendus;... et je puis dire que depuis cette époque je n'ai pas démérité... Ne croyez pas que je tienne beaucoup à ce titre; je ne suis pas moins philosophe que vous pouvez l'être, et je ne prise pas plus ce morceau de parchemin qu'un chiffon de papier... Je sais très-bien que le titre de chef d'un clan tel que celui de Sliochd Nan Ivor est cent fois au-dessus de celui de comte; mais j'avais des raisons pour prendre ce maudit titre. Il est

(1) Nous avons déjà vu qu'on appelait Anciens les premiers parens ou officiers du chef, les sous-dignitaires du clan. — Éd.

bon que vous sachiez que j'ai appris, par hasard, que le Prince avait fortement engagé ce vieux fou de baron de Bradwardine à ne plus songer à faire passer sa baronnie sur la tête d'un cousin au dix-neuvième ou vingtième degré qui sert dans les troupes de l'électeur de Hanovre, au détriment de votre jolie petite amie Rose. Tout porte à croire que le vieux baron n'osera pas désobéir aux ordres de son roi, d'un souverain seigneur qui peut à son gré changer la destination d'un fief.

— Et que deviendra l'hommage?

— Au diable l'hommage! Rose sera sans doute chargée d'ôter les pantoufles de la reine, le jour de son couronnement, ou de quelque autre baliverne semblable. Quoi qu'il en soit, comme Rose Bradwardine est un parti qui me convient sous tous les rapports, et que, depuis qu'on avait fait entendre raison à son père, je ne voyais plus d'obstacles, à moins qu'il ne prît fantaisie au baron de faire prendre au mari de sa fille le nom de Bradwardine (vous sentez que dans ma position je ne pouvais y consentir), j'aurais éludé les prétentions de l'orgueilleux baron en donnant à sa fille le titre de comtesse : cet arrangement me paraissait aussi juste que naturel, et elle aurait pu aussi rester vicomtesse de Bradwardine, de son chef, après le décès de son père; je ne trouvais aucune objection à faire là-dessus.

— Mais, Fergus, je n'ai jamais pu supposer que vous eussiez le moindre attachement pour miss Bradwardine; vous ne cessez de persifler le père.

— J'ai, mon bon ami, pour miss Bradwardine tout l'attachement qu'on doit avoir pour la maîtresse future de sa maison, pour la mère de ses enfans. C'est une charmante fille, remplie d'intelligence et de bon sens;

on ne peut disconvenir qu'elle ne soit d'une des plus anciennes familles de l'Écosse. Lorsqu'elle aura pris quelques leçons de Flora, pour les manières du grand monde, je suis persuadé qu'elle n'y sera point déplacée. Quant à son père, malgré son originalité, son pédantisme assommant, je sais, d'après la leçon qu'il a donnée à sir Hew-Halbert, à ce cher défunt le laird de Balmawhapple et autres, que personne ne s'avisera de se moquer de lui ; ainsi peu m'importent ses ridicules..... Je vous le répète, je ne voyais pas le moindre obstacle à ce mariage, j'avais tout arrangé dans ma tête.

— Mais, Fergus, avez-vous demandé le consentement du baron, ou celui de Rose ?

— Pourquoi l'aurais-je fait? M'ouvrir au baron, avant d'avoir pris mon titre de comte, ne m'aurait servi qu'à faire naître une longue et fastidieuse discussion sur le changement de nom, tandis que le comte de Glennaquoich ne devait avoir qu'à se présenter pour être reçu sans la moindre objection... Je n'aurais eu qu'à lui demander d'apporter son maudit *ours* et ses ridicules *tirebottes* pour les admettre séparés par un pal (1), ou dans un écusson de prétention (2), ou dans un écusson sé-

---

(1) Les armes du mari placées à droite de l'écusson, et celles de la femme à gauche. — Éd.

(2) On peut porter les armes de sa femme, quand c'est une héritière, dans un écusson placé au centre de la cotte d'armes ; ce qui, indiquant les prétentions du mari à ses domaines, s'appelle un écusson de prétention, à moins qu'il n'y ait un autre terme de blason ignoré de l'éditeur, qui s'avoue encore plus novice dans cette noble science que le Sanglier-Rouge de *Quentin Durward*. Certaines maisons souveraines ont aussi des écus de prétention pour représenter les royaumes que d'autres possèdent en dépit de leurs droits. — Éd.

paré, de manière enfin à ne pas ternir mes propres armoiries. Quant à miss Rose, je ne vois pas quelle objection elle aurait pu me faire, lorsque j'aurais eu le consentement de son père.

—Peut-être les mêmes que votre sœur m'a faites, quoique j'eusse obtenu votre approbation.

Fergus fut très-mortifié de la comparaison que cette supposition renfermait; mais il eut la prudence de supprimer la réponse qu'il avait au bout des lèvres, pour dire simplement : — Oh! nous eussions aisément arrangé tout cela; — ainsi donc, je vous avais prié de venir me trouver ce matin, m'imaginant follement que j'aurais besoin de votre assistance comme garçon de noces. — Eh bien! — J'ai fait connaître mes droits;... ils ne m'ont point été niés. J'ai rappelé les promesses qu'on m'a faites si souvent, j'ai montré mes lettres-patentes de comte;... on est convenu de la légitimité de mes réclamations. J'ai demandé qu'il me fût permis de faire usage de mes droits; on m'a fait observer que ce serait exciter la jalousie de plusieurs chefs. J'ai détruit cette objection puérile en offrant d'apporter leur consentement par écrit: ils n'auraient pu me le refuser en voyant la date de ma nomination, ou je l'aurais obtenu l'épée à la main. Alors le Prince a été forcé de lâcher le grand mot. Mon cher Fergus, m'a-t-il dit, vous m'obligeriez de ne pas prendre votre titre pour le moment, pour ne pas fournir de prétexte à..... — (Ici Fergus nomma le chef du clan rival du sien.) — Notez, mon cher Waverley, que ce lâche *fainéant* n'a pas plus de titres pour être chef de clan que je n'en ai pour être empereur de la Chine. Afin d'éluder les pressantes sollicitations du Prince, il allègue qu'on me témoigne trop de confiance, que je jouis d'une considération exclusive, etc. Tous ces subterfuges ne servent qu'à masquer sa poltronnerie. Pour ôter tout prétexte à ce misérable, le Prince m'a demandé, comme une faveur qui lui serait personnelle, d'attendre encore quelque temps pour prendre le titre qui m'est si légitimement acquis. Après cela, Waverley, rapportez-vous-en à la promesse des Princes !...

—Votre audience s'est-elle terminée là?

—Non, certainement. Je voulais lui mettre sous les yeux toute son ingratitude à mon égard : j'ai fait tous mes efforts pour me maîtriser; car je tremblais de colère. J'ai supplié Son Altesse Royale, du ton le plus calme qu'il m'a été possible, d'avoir égard à la demande que j'avais pris la liberté de lui faire, parce que le bonheur de ma vie en dépendait; et, pour l'en convaincre, je lui ai fait part de tout mon plan, pour lui démontrer que les circonstances où je me trouvais me forçaient à réclamer l'usage du titre qu'il m'avait donné.

—Que vous a répondu le Prince?

—Ce qu'il m'a répondu !... (l'Écriture-Sainte nous dit :—Ne maudissez jamais votre prince, ne fût-ce qu'en pensée !...) ce qu'il m'a répondu !... qu'il était charmé de la confidence que je venais de lui faire, parce qu'elle lui fournissait l'occasion de m'épargner de plus amers désagrémens; et il m'a donné sa parole de prince que le cœur de miss Rose n'était plus libre, et qu'il avait promis de favoriser son inclination; ainsi, mon cher Fergus, a-t-il ajouté du ton le plus amical, et souriant de la manière la plus gracieuse, puisqu'il n'est plus question de mariage, j'espère que vous ne serez plus si pressé de prendre votre titre de comte. A ces mots il m'a *planté là*.

— Et qu'avez-vous fait?

— Je vous dirai ce que *j'aurais pu* faire, — me vendre au diable ou à l'électeur de Hanovre....., à celui qui m'aurait offert le moyen le plus sûr et le plus prompt de me venger; mais vous me voyez maintenant tout-à-fait de sang-froid... Je suis persuadé qu'il a le projet de marier miss Bradwardine à quelqu'un de ses coquins d'Irlandais ou de Français..... J'y regarderai de près..... Que l'impudent qui m'a supplanté prenne garde à lui. — *Bisogna coprirsi, signor* (1).

La conversation se prolongea pendant quelques minutes; mais ces détails ne pourraient intéresser que très-faiblement le lecteur. Waverley prit congé de Fergus, dont l'accès de fureur s'était calmé pour faire place au désir de se venger, et il revint à son logement, incapable de se rendre compte des divers sentimens que cette explication venait de réveiller dans son propre cœur.

(1) Il faut se cacher, monsieur. — Tr.

## CHAPITRE LIV.

Toujours inconstant.

Je suis l'enfant du caprice, se dit Waverley en s'enfermant dans sa chambre, qu'il parcourut à grands pas. — Que m'importe que Fergus Mac-Ivor désire épouser Rose Bradwardine? — Je ne l'aime pas. — Il est possible qu'elle m'eût pu aimé; mais j'ai dédaigné son attachement simple et naturel pour soupirer inutilement pour une orgueilleuse qui n'aimera jamais personne, à moins que le vieux Warwick (1), le faiseur de rois, ne revienne sur la terre. — Quant au baron, — je n'aurais jamais eu l'idée de lui succéder dans sa baronnie; je n'aurais donc pas eu à craindre que son

(1) Sous Édouard IV. — Éd.

amour pour son nom fût un obstacle. Le diable aurait pu prendre, s'il avait voulu, ses bruyères stériles, et tirer les *caligæ* du roi.—Faite pour les tendres affections de la vie domestique,—aimant à recevoir et à rendre ces douces attentions qui charment l'existence de ceux qui vivent l'un pour l'autre : elle est recherchée par Fergus Mac-Ivor! — Il ne la maltraitera pas, j'en suis bien assuré; — il en est incapable; mais, au bout du premier mois de mariage, il la négligera; — il ne s'occupera que du soin d'humilier quelque chef rival, quelque favori à la cour, — ou d'ajouter à ses possessions quelque lac et quelques montagnes couvertes de bruyères; ou d'augmenter le nombre de ses vassaux de quelques caterans de plus, sans s'inquiéter de ce que fera son épouse, ni comment elle se distraira :

> Le chagrin a flétri cette timide fleur,
> De son teint elle perd les couleurs si vermeilles.
> Hélas! rien ne saurait ranimer sa langueur.
> La seule mort termine enfin ses tristes veilles (1).

— Et cette cruelle destinée de la plus aimable des créatures aurait pu être prévenue, si M. Édouard Waverley avait eu des yeux! — Sur mon honneur, je ne puis comprendre comment j'ai pu trouver Flora mieux que Rose : elle est plus grande, je l'avoue; elle a plus d'aisance dans les manières, mais bien des personnes disent que miss Rose a plus de naturel : d'ailleurs elle est beaucoup plus jeune. — Je serais tenté de croire que Flora est plus âgée que moi de deux ans : je tâcherai de m'en assurer dès ce soir.

(1) Shakspeare. — Éd.

Après cette résolution, Waverley sortit pour aller prendre le thé — (c'était la mode il y a soixante ans) — chez une dame de qualité, attachée à la cause du Prince. Il y trouva, comme il l'avait prévu, les deux amies. Lorsqu'il entra, tout le monde se leva : mais Flora reprit aussitôt son siège, et continua la conversation. Rose, au contraire, fit un mouvement presque imperceptible pour se tourner vers lui. — Ses manières, se dit Waverley, sont, sans contredit, bien plus engageantes.

Il s'éleva une discussion pour savoir si la langue gaëlique était plus coulante et plus propre à la poésie que la langue italienne. La langue gaëlique n'eût pas trouvé des avocats ailleurs, mais ici elle fut courageusement défendue par sept dames des montagnes, qui crièrent de toute la force de leurs poumons, et assourdirent la compagnie avec leurs exemples d'*euphonie celtique*. Flora, voyant sourire de dédain les dames des Lowlands, donna quelques raisons pour prouver que la comparaison n'était pas si absurde. Mais Rose fut invitée à faire connaître son opinion : elle se prononça vivement en faveur de la langue italienne, qu'elle avait apprise par les leçons de Waverley.

— Elle a beaucoup plus de justesse dans l'oreille, se dit ce dernier, quoiqu'elle soit moins bonne musicienne que Flora ; celle-ci comparera quelque jour son Mac-Murrough Nan Fonn au Tasse ou à l'Arioste.

L'assemblée se trouva divisée pour savoir si l'on prierait Fergus de jouer de la flûte, son instrument favori, ou si l'on inviterait Édouard à lire une pièce de Shakspeare. La maîtresse de la maison, d'un caractère très-gai, proposa de mettre la question aux voix, et se chargea de les recueillir, sous la condition expresse que celui des deux gentilshommes dont les talens ne seraient pas mis à contribution, promettrait de les consacrer à la soirée du lendemain. Le hasard voulut que les voix fussent partagées de manière que celle de Rose dût faire pencher la balance. Mais Flora, qui paraissait s'être fait un devoir de ne jamais dire un mot qui pût donner la moindre lueur d'espoir à Waverley, venait de voter pour la musique, sous la condition que le baron aurait la complaisance d'accompagner Fergus sur le violon. — Je vous félicite de votre goût, miss Mac-Ivor, dit Édouard en lui-même pendant qu'on cherchait le volume : cette musique était bonne lorsque nous étions à Glennaquoich ; mais le baron n'est pas très-fort, et Shakspeare mérite d'être écouté.

On choisit la tragédie de *Roméo et Juliette;* Édouard lut avec beaucoup de goût, de sentiment et de chaleur, plusieurs scènes de cette pièce. Quelques personnes se contentèrent d'applaudir avec les mains ; mais le plus grand nombre applaudit par des larmes. Flora, qui connaissait la pièce, fut du nombre des premières; Rose, qui l'entendait pour la première fois, ne put retenir les preuves de son attendrissement. — Elle est bien plus sensible que son amie ! se dit encore Waverley.

La conversation s'engagea sur les incidens de la pièce et sur les personnages. Fergus déclara que le seul qui valût la peine d'être nommé comme homme d'esprit et homme du monde était Mercutio. — Je ne saisis pas, dit-il, tous les traits de son esprit caractéristique du temps ; mais il devait être un homme très-aimable, selon les idées d'alors.

— C'est une honte, dit l'enseigne Mac-Combich (qui suivait ordinairement le colonel partout), c'est une honte que ce Tibbert ou Taggart (1), peu importe son nom, vienne le frapper sous le bras de l'autre gentilhomme, pendant qu'il était à apaiser la querelle (2).

Les dames, comme de raison, se déclarèrent ouvertement pour Roméo; cependant l'accord ne fut pas tout-à-fait unanime : la maîtresse de la maison et quelques autres dames lui firent un crime d'avoir cessé si légèrement d'aimer Rosalinde pour aimer Juliette. Flora fut invitée, à plusieurs reprises, à faire connaître à l'assemblée ce qu'elle pensait sur ce chef d'accusation. — Je crois, dit-elle, que ce changement d'affection non-seulement n'est point hors de la nature, mais que, dans cette circonstance, le poète s'est élevé jusqu'au plus haut degré de son art. Il nous représente Roméo comme un jeune homme sensible, très-prompt à s'enflammer. Le premier objet de son amour est une femme qui ne peut le payer d'aucun retour; il vous le répète lui-même :

> Elle est invulnérable aux flèches de l'Amour;

et plus loin :

> ...... Elle a juré de ne jamais aimer.

— Veuillez me dire, je vous prie, si l'on pouvait raisonnablement espérer que Roméo aimât long-temps sans espoir de retour? Le poète a choisi très-habilement le moment où ce jeune homme ardent se trouve réduit au désespoir, pour lui faire connaître une femme plus

---

(1) Mac-Combich estropie le nom de Tybalt, qui dans la pièce est le neveu de Capulet. — Éd.

(2) *Romeo et Juliette*, acte III, scène Ire, dans laquelle Mercutio et Tybalt lui-même sont tués. — Éd.

accomplie que celle dont il supporte les refus. Il me semble qu'il est impossible d'imaginer une situation qui puisse mieux enflammer Roméo pour Juliette, que d'être tiré par elle de la sombre mélancolie dans laquelle il est plongé lorsqu'il entre en scène, et dont il est si loin lorsqu'il s'écrie avec transport :

> Il n'est pas de chagrin dont mon ame ravie
> Ne puisse désormais braver les coups cruels !
> Je l'ai vue un moment..........

— Comment donc! miss Mac-Ivor, dit une jeune dame, avez-vous le projet de nous dépouiller de notre plus beau privilège? Voudriez-vous nous persuader que l'amour ne peut exister sans l'espérance, et qu'un amant peut être infidèle, si celle qu'il aime lui montre trop de rigueur? Je ne m'attendais pas, je l'avoue, à une conclusion si peu sentimentale.

— Je conviens avec vous, ma chère lady Betty, qu'il est possible qu'un amant persévère dans ses affections en dépit des circonstances qui devraient le décourager; qu'il peut braver les dangers, supporter la froideur;... mais une indifférence constante et soutenue est un poison mortel pour l'amour. Quelque puissante que soit l'*attraction* de *vos* charmes, croyez-moi, ne faites jamais cette expérience sur le cœur d'une personne qui vous serait chère : je vous le répète, l'amour peut se nourrir de la plus faible espérance, mais sans espérance aucune, l'amour ne peut exister long-temps.

— Ce serait, dit Evan, comme la jument de Duncan Mac-Girdie, s'il plaît à ces dames. Son maître voulait l'accoutumer par degrés à se passer de toute nourriture; il ne lui donnait déjà plus qu'une petite poignée de paille par jour, lorsque la pauvre bête mourut!

La comparaison d'Evan fit rire tout le monde, et l'on changea de conversation. Après la soirée, Édouard retourna à son logement, et chemin faisant, il rêvait à ce qu'avait dit Flora. — C'en est fait, se dit-il, je n'aimerai plus Rosalinde..... je suivrai ses conseils, que j'ai très-bien compris ; je veux dire à son frère que je renonce à mes premiers projets. — Quant à Juliette;..... mais puis-je avec honneur aller sur les brisées de Fergus ! — je suis bien persuadé qu'il ne réussira pas. — S'il éprouve un refus, *alors comme alors*, dit tranquillement notre héros, résolu de s'abandonner aux circonstances, et il alla se mettre au lit.

## CHAPITRE LV.

Un brave dans la douleur.

Si mes belles lectrices venaient à penser que la légèreté de mon héros dans ses amours est tout-à-fait impardonnable, je dois leur faire observer que tous ses chagrins et ses embarras ne provinrent pas de cette source sentimentale. Le poète lyrique lui-même, qui se plaint, d'une manière si touchante, des peines de l'amour, n'oublie pas de nous dire qu'il était en même temps

« Fort endetté d'abord, et puis aimant à boire; »

ce qui sans doute ne pouvait qu'aggraver sa détresse. De même, il se passait des jours entiers pendant lesquels Waverley ne pensait ni à Flora ni à Rose Bradwardine;

mais il formait tristement mille conjectures sur la situation de sa famille à Waverley-Honour et sur le résultat de la guerre civile dans laquelle il s'était engagé. Le colonel Talbot discutait souvent avec lui sur la justice de la cause qu'il avait embrassée.

— Non, disait-il, qu'il vous soit possible de l'abandonner actuellement, car, quelque chose qui puisse en arriver, vous devez tenir les promesses que vous avez faites avec tant d'imprudence, — mais je voudrais, ajoutait-il, que vous fussiez convaincu que le bon droit n'est pas pour vous, que vous agissez contre les véritables intérêts de votre patrie, et que tout vous fait un devoir de saisir la première occasion favorable pour vous séparer de cette malheureuse expédition, avant que la boule de neige ne se fonde.

Waverley se contentait, dans ces discussions politiques, d'opposer au colonel les argumens dont se servaient tous les partisans de la famille exilée, et dont il serait inutile de fatiguer le lecteur. Mais il était plus embarrassé lorsque le colonel lui mettait devant les yeux le tableau comparatif des forces des insurgés et de celles que réunissait le gouvernement, pour les combattre. A cela il ne faisait qu'une seule réponse :

— Si la cause que j'ai embrassée, disait-il, est si périlleuse, il y aurait de ma part une lâcheté plus grande à l'abandonner.

Par là, à son tour, il réduisait généralement le colonel Talbot au silence, et la conversation changeait d'objet.

Un soir, après une longue discussion sur cette matière, les deux amis s'étaient dit adieu sans aigreur, et Waverley s'était mis au lit, lorsqu'il crut entendre un gémissement étouffé; il tressaillit : et, prêtant une oreille attentive, il reconnut qu'il partait de la chambre du colonel, séparée de la sienne par une faible cloison où se trouvait une porte de communication. Il s'en approcha, et bientôt il entendit très-distinctement de profonds soupirs. — Que peut avoir le colonel? se dit-il : lorsqu'il m'a quitté, je n'ai pas remarqué le moindre changement en lui. Sans doute il se sera senti tout à coup indisposé.

Dans cette persuasion, il ouvre doucement la porte, et voit le colonel en robe de chambre, assis devant sa table où était une lettre ouverte devant lui, et un portrait. Le colonel leva la tête, et Waverley fut indécis s'il devait avancer ou se retirer; mais il remarqua que les joues de son ami étaient couvertes de larmes.

Comme honteux d'être surpris pendant qu'il se livrait à une si vive émotion, le colonel se leva d'un air contrarié.

— M. Waverley, dit-il, j'aurais cru qu'étant dans mon appartement, à l'heure qu'il est, je n'aurais pas dû craindre, quoique prisonnier, une semblable.....

— Ah! je vous en conjure, ne prononcez pas le mot *indiscrétion !* J'ai entendu que votre respiration était pénible; j'ai craint que vous ne fussiez malade, et c'est pour m'en assurer que j'ai pris la liberté...

— Je me porte bien, dit le colonel, parfaitement bien.

— Mais vous avez des chagrins; n'y aurait-il pas moyen de les adoucir?

— Aucun, M. Waverley : je pensais à l'Angleterre...; je réfléchissais sur certaines nouvelles que j'ai reçues, et qui ne sont pas très-agréables.

— Ah! grand Dieu! mon oncle.....

— Non, mes chagrins me sont personnels... Je suis fâché que vous ayez vu combien ils m'affectaient; mais il faut donner à sa douleur un libre cours de temps en temps, pour la supporter ailleurs avec plus de courage. Je voulais vous en laisser ignorer la cause, parce que je sais qu'elle vous fera de la peine, et que d'ailleurs vous ne pouvez y porter remède; mais je vous vois inquiet. Je n'aime pas les mystères... lisez cette lettre.

Cette lettre était écrite par la sœur du colonel Talbot, et contenait ce qui suit :

« Mon cher frère,

« J'ai reçu le paquet que vous m'avez adressé par
« Hodges. Sir E. W. et M. R. jouissent encore de leur
« liberté; mais on ne leur a pas permis de quitter Lon-
« dres. Je voudrais qu'il fût en mon pouvoir de vous
« donner d'heureuses nouvelles de notre Square (1);
« mais la malheureuse affaire de Preston l'a rempli de
« consternation, et surtout l'horrible nouvelle que vous
« étiez du nombre des morts. Vous savez en quel état se
« trouvait la santé de lady Émilie, lorsque votre amitié
« pour sir Everard vous fit un devoir de vous séparer
« d'elle. Elle fut douloureusement affectée lorsqu'elle
« apprit que la rébellion avait éclaté; mais elle s'arma
« de courage pour vous conserver, disait-elle, et votre
« épouse et l'héritier que vous désiriez depuis si long-
« temps. Hélas! mon cher frère, ces espérances se sont
« évanouies. Malgré toutes les précautions que j'avais
« prises, la nouvelle de la désastreuse journée de Pres-

(1) Le beau monde à Londres habite généralement des hôtels situés dans des *Squares* ( places avec un jardin au milieu ). — Éd.

« ton parvint à lady Émilie sans qu'elle y fût préparée.
« Elle en fut saisie, et devint mère ; mais son pauvre en-
« fant n'a survécu que peu de minutes à sa naissance.
« Plût à Dieu que je n'eusse pas d'autres malheurs à
« vous annoncer !..... Quoique votre dernière lettre, en
« démentant formellement l'horrible rapport qu'on avait
« envoyé, ait ranimé les forces de la malade, cependant
« le docteur craint que les suites en soient sérieuses, et
« même, je ne dois pas vous le dissimuler, très-dange-
« reuses, surtout à cause de l'incertitude dans laquelle
« votre Émilie doit rester pendant quelque temps, in-
« certitude aggravée par les idées qu'elle s'est faites de
« la férocité des ennemis dont vous êtes le prisonnier.

« Je vous en conjure, mon cher frère, ne négligez rien
« pour obtenir bientôt votre liberté, soit sur votre pa-
« role d'honneur, soit à prix d'argent, soit par échange,
« ou n'importe de quelle manière. Je n'exagère rien
« sur la santé de votre Émilie ; mais j'ai dû vous dire la
« vérité.

« Je suis toujours, mon cher Philippe, votre sœur
« affectionnée,

« Lucy Talbot. »

Quand il eut terminé la lecture de cette lettre, Édouard resta immobile de douleur. La conclusion en était évidente ; car, si le colonel ne se fût pas mis en voyage pour venir le chercher, ce malheur ne lui fût pas arrivé. Ce malheur était déjà assez cruel dans ce qu'il avait d'irrémédiable : le colonel Talbot et lady Émilie, long-temps sans enfans, s'étaient crus sur le point de voir combler tous leurs vœux, et leur espérance était perdue ; mais ce n'était là encore rien en comparaison de

ce qui les menaçait. Édouard se regardait avec une sorte d'horreur comme la cause première de ces deux sujets de désespoir.

Avant qu'il pût recueillir ses idées, le colonel avait déjà recouvré son calme habituel, quoique ses yeux fussent encore humides, et il fut le premier à reprendre la parole.

— C'est une femme, mon jeune ami, dit-il, pour laquelle un militaire lui-même ne doit pas rougir de répandre des larmes ; — et il lui montra le portrait qui prouvait qu'elle méritait en effet tous ses regrets : — Eh bien ! continua-t-il, ce que vous voyez n'est, Dieu le sait, qu'une faible partie des charmes qu'elle possède ! — Ah ! je devrais peut-être dire..... qu'elle possédait !.... mais que la volonté de Dieu soit faite !

— Partez, volez à son secours ; il ne sera pas trop tard !

— Le puis-je ? mon ami, ne suis-je pas prisonnier sur parole ?

— Je suis votre caution... Je vous rends votre parole... ; je réponds de tout.

— Vous manqueriez à votre devoir, comme je manquerais à l'honneur, si j'acceptais votre proposition..... Vous ne savez pas de quelle responsabilité vous vous chargeriez !....

— Je réponds de tout sur ma tête. Partez, colonel, partez !..... Je suis la cause de la mort de votre enfant : ah ! ne souffrez pas que je sois l'assassin de votre épouse !

— Non, mon cher Édouard, lui dit le colonel en lui serrant affectueusement la main ; vous n'avez rien à vous reprocher. Si je vous ai fait un secret de mes chagrins pendant deux jours, ce n'était que de peur que votre sensibilité n'envisageât les choses sous cet aspect. Lorsque j'ai quitté l'Angleterre pour venir vous chercher, vous ne pouviez vous occuper de moi, à peine connaissiez-vous mon nom :... peut-on vous rendre responsable d'événemens que nous ne pouvions prévoir ? Dieu seul peut lire dans l'avenir ; ce serait l'outrager que de croire qu'il a soumis sa faible créature à cette responsabilité terrible.

— Comment avoir quitté lady Émilie lorsqu'elle était à la veille de vous rendre père, pour chercher un... ?

— J'ai fait mon devoir, je ne m'en repens pas. Si le chemin de la reconnaissance et de l'honneur était toujours facile et uni, il y aurait peu de mérite à le suivre. Nous devons souvent nous y trouver en opposition avec nos intérêts, nos passions, et quelquefois avec nos sentimens les plus doux. Ce sont là les épreuves de la vie !... j'en ai déjà supporté plusieurs..... Celle-ci n'est pas la première, quoique ce ne soit pas la moins amère ( les larmes lui vinrent aux yeux ). — Mais, ajouta-t-il en serrant les mains d'Édouard, nous parlerons demain de tout cela. — Bonne nuit ! Tâchons de l'oublier pendant quelques heures. Il fera jour, je crois, à six heures, et il en est déjà plus de deux. — Bonne nuit !

Édouard se retira sans avoir la force de lui répondre.

## CHAPITRE LVI.

Waverley agit.

Le lendemain, en entrant dans la salle à déjeuner, le colonel apprit du domestique d'Édouard qu'il était sorti de très-bonne heure, et qu'il n'était pas encore de retour. Le jour était déjà avancé lorsqu'il parut enfin hors d'haleine, mais avec un air de joie qui étonna le colonel Talbot. — Voilà mon travail de la matinée, dit-il en jetant un papier sur la table. Alick, serrez le bagage du colonel, dépêchez-vous !

Le colonel examina le papier avec surprise : c'était un passe-port signé du Prince, qui autorisait le colonel Talbot à se rendre à Leith, ou dans tout autre port occupé par ses troupes, et de s'y embarquer pour l'Angleterre, ou tel autre pays qu'il jugerait convenable, sous la condition qu'il donnerait sa parole d'honneur de s'abstenir pendant un an, à dater de ce jour, de prendre les armes contre la maison de Stuart.

— Au nom du ciel, dit vivement le colonel, dites-moi par quels moyens vous vous êtes procuré ce passe-port.

— Je suis parti de bonne heure pour me trouver au lever du Prince ; il était sorti pour visiter le camp de Duddingston. Je m'y suis rendu ; j'ai fait demander une audience qu'il a daigné m'accorder aussitôt. Je ne vous dirai plus un seul mot que lorsque je vous verrai faire vos préparatifs de départ.

— Dois-je les faire avant de connaître si je puis me servir de ce passe-port, et surtout de quelle manière vous l'avez obtenu ?

— Ne me demandez pas de détails, je vous en prie ; le temps presse. Il me suffira de vous dire que lorsque j'ai prononcé votre nom, les yeux du Prince ont étincelé comme l'ont fait les vôtres il y a deux minutes. — Le colonel aurait-il montré, m'a-t-il dit vivement, des sentimens favorables à notre cause ? — Non, ai-je répondu, et il n'y a pas sujet de l'espérer (le visage du Prince est redevenu sérieux). Je demandai votre liberté. — Cela n'est pas possible, reprit-il ; ma demande était extravagante, attendu l'importance du colonel, comme ami et confident de tels et tels personnages... Je n'ai pas craint de lui raconter votre histoire et la mienne : — Que Votre Altesse, ai-je dit, juge d'après son cœur des sentimens dont je suis pénétré..... Colonel Talbot, vous en direz ce que vous voudrez ; mais le Prince a un cœur, et un cœur généreux. — Je ne soumettrai point cette affaire à mon conseil, m'a-t-il dit; il pourrait me contrarier dans ce qui me paraît juste, et je ne voudrais pas qu'un ami tel que vous pût avoir à se reprocher le malheur d'une famille dans la peine..... Je serais fâché de retenir prisonnier un brave ennemi dans les circonstances où se trouve le colonel Talbot; je crois d'ailleurs que je pourrai me justifier auprès de mes prudens conseillers en faisant valoir le bon effet que pourra produire cet acte de bonté sur les grandes familles d'Angleterre, avec lesquelles le colonel Talbot est allié.

— Le politique s'est trahi là, dit le colonel.

— Fort bien, du moins il a conclu en fils de roi. — Voilà le passe-port, a-t-il dit, j'y ai mis une condition pour la forme; mais si elle ne convient pas au colonel, laissez-le partir sans exiger sa parole d'honneur..... Je suis venu dans ces lieux pour combattre les hommes, et non pour désoler ou faire mourir les femmes.

— Je n'aurais jamais cru que je devrais avoir tant d'obligation au Prétend....

— Au Prince, dit Édouard en souriant.

— Au Chevalier, répondit le colonel; c'est un excellent nom de voyage, et que nous pouvons lui donner vous et moi. — Il ne vous a rien dit de plus.

— Il m'a demandé s'il pouvait m'obliger en quelque autre chose, et, sur ma réponse négative, il m'a secoué la main. Plût à Dieu, m'a-t-il dit, que tous les officiers de mon armée fussent aussi désintéressés que vous l'êtes! Il en est parmi mes amis qui, non contens de me demander tout ce qu'il est en mon pouvoir de leur accorder, ont des prétentions que ni moi ni le plus grand potentat de la terre ne pourrions satisfaire. D'après les demandes qu'ils me font, a-t-il ajouté, j'aurais tout lieu de croire qu'il n'y a jamais eu de prince plus semblable à la Divinité que moi.

— Le pauvre jeune homme, dit le colonel; je vois qu'il commence à sentir les désagrémens de sa position...; mais, mon cher Waverley, c'est ici plus que de la bonté; — Philippe Talbot ne l'oubliera jamais, tant que Philippe Talbot conservera la mémoire. Ma vie! — Ah! qu'Émilie vous en remercie : c'est une faveur qui vaut mille vies! Je ne puis hésiter à donner la parole qu'on exige; la voilà. — (Il l'écrivit dans les formes d'usage.) — Et maintenant comment vais-je m'y prendre pour partir?

— Tout est arrangé, lui dit Waverley; vos malles sont faites, mes chevaux vous attendent; le Prince m'a permis de retenir un bateau qui doit vous conduire à bord de la frégate *the Fox*. J'ai fait partir à cet effet un messager pour Leith.

— C'est à merveille: le capitaine Beaver est un de mes amis intimes; il me conduira à Berwick ou à Shields, d'où je puis prendre la poste pour Londres..... Vous ferez bien de me confier le paquet de lettres que votre miss Bean Lean vous a remis. Il est possible qu'elles puissent m'aider à vous être utile..... mais je vois votre ami des Highlands, Glen..... Comment prononcez-vous ce nom barbare?.... Il est accompagné de son officier d'ordonnance; je ne dois plus dire son coupe-jarret, je suppose. Ne dirait-on pas, à sa démarche, que la terre entière lui appartient? Le voyez-vous se pavaner, sa toque sur l'oreille et son plaid drapé sur ses épaules?..... J'aimerais à me trouver en face de ce jeune homme, si je n'avais pas les mains liées; — je rabattrais bientôt son orgueil, ou lui le mien.

— Allons donc! colonel Talbot, vous ne vous possédez pas plus, lorsque vous apercevez un tartan, qu'un taureau à la vue d'un drap écarlate. Vous n'êtes pas moins injuste dans vos préjugés nationaux que Fergus dans les siens.

Leur conversation continua dans la rue jusqu'à ce qu'ils fussent arrivés auprès du chef. Il salua sèchement le colonel, qui lui rendit son salut avec un air de cérémonie; l'antipathie était bien réciproque.

— Je ne vois jamais, dit le colonel, ce jeune sournois, toujours aux talons de son chef, que je ne me rapelle ces vers que j'ai entendus je ne sais où — au théâtre, je crois.....

> ..... Bertram le suit dans un sombre silence,
> Tel qu'un démon cruel suit un magicien,
> Docile serviteur altéré de vengeance.

— Je vous assure, dit Waverley, que vous jugez trop sévèrement les Highlanders.

— Non, point du tout, je leur rends justice. Qu'ils se tiennent au milieu de leurs monts déserts, qu'ils y placent, s'ils veulent, leurs toques sur la corne de la lune. Mais que viennent-ils faire dans un pays où l'on porte des culottes et où l'on parle une langue intelligible? Je dis intelligible relativement à leur patois; car les Lowlanders parlent à peu près l'anglais comme les nègres de la Jamaïque... Je plains bien sincèrement le Pr....., je veux dire le Chevalier, d'être obligé de vivre au milieu de pareils bandits. Ils apprennent leur métier de bonne heure, je vous en réponds. Il y a par exemple un de ces enfans subalternes du diable qui suit souvent votre ami Glena..... Glenamuck, ou comme vous voudrez l'appeler..... A le voir on le dirait âgé de quinze ans; mais il a un siècle si l'on compte son âge par ses traits de méchanceté et de scélératesse. Il y a quelques jours qu'il jouait au palet dans la cour; il vint à passer un homme de bonne mine; celui-ci reçoit un coup de palet à la jambe, et lève sa canne comme Beau Clincher dans *Un tour au Jubilé* (1); mais mon coquin tire son pistolet, et sans un cri de *gardez l'eau* (2) qui, parti d'une fenêtre, mit toute la bande en déroute de peur des conséquences inévitables, le pauvre gentilhomme perdait la vie des mains de ce petit basilic.

— Ah! colonel, quel tableau vous allez faire de l'Écosse à votre retour!

— Oh! le juge Shallow (3) m'en évitera la peine. « Désert, désert; — tous gueux, tous gueux! — Oh oui! un bon air, » — mais c'est quand on est hors d'Édimbourg et avant d'être à Leith, comme nous sommes à présent.

Ils arrivèrent bientôt au port,

> Au port de Leith attendait le bateau....
> Il part, le vent est favorable :
> A Bervick-Law il trouve le vaisseau.

— Adieu, colonel, lui dit Waverley; puissiez-vous

(1) *Un tour au Jubilé* ( *jubilé* signifie en anglais une fête, une réjouissance publique, etc.), ou le *Couple constant*, comédie de Georges Farquhar. Beau Clincher (*Fat Clincher*) est un des personnages de cette pièce. — Éd.

(2) On commence à être moins prodigue de ces saluts inattendus à Edimbourg, où il était jadis très-dangereux de passer sous les fenêtres; car ce cri de *gardez l'eau!* (mots corrompus de ceux-ci, *gare l'eau!*) était souvent un avertissement tardif. — Éd.

(3) Shakspeare, *Henry IV*. — Éd.

trouver votre famille dans l'état que vous désirez!.....
Il est possible que nous nous rencontrions bientôt;
l'armée doit se mettre en marche pour l'Angleterre.

— Ne me parlez pas de cela. — Je ne veux porter aucune nouvelle de vos mouvemens.

— Adieu donc simplement, colonel; présentez mes devoirs respectueux à sir Everard, ainsi qu'à ma tante Rachel. Pensez quelquefois à moi, et aussi favorablement que vous pourrez. Parlez de moi avec toute l'indulgence que vous permettra votre conscience, et encore une fois adieu!

— Adieu, mon cher Waverley; mille remerciemens pour tout ce que vous avez fait pour moi; laissez là votre plaid à la première occasion. Je penserai toujours à vous avec reconnaissance, et la seule censure que je me permettrai contre vous sera de dire: *Que diable allait-il faire dans cette galère?*

Ils se séparèrent ainsi. Le colonel entra dans le bateau, et Waverley reprit la route d'Édimbourg.

# CHAPITRE LVII.

Marche.

Ce n'est pas notre intention d'empiéter sur les domaines de l'histoire : nous rappellerons donc seulement à nos lecteurs que, vers les premiers jours du mois de novembre, le jeune Chevalier, résolu à tout risquer à la tête d'un corps de six mille hommes, tout au plus, entreprit de pénétrer dans le cœur de l'Angleterre, quoiqu'il n'ignorât pas les immenses préparatifs de défense qu'on y faisait pour le recevoir. On partit pour cette croisade dans une saison où toute autre armée n'aurait pu se mettre en marche, mais qui donnait réellement aux actifs montagnards un grand avantage sur des ennemis moins robustes. Malgré une armée supérieure, stationnée sur les frontières, sous les ordres du feld-maréchal Wade (1), ils assiégèrent et prirent Carlisle. Après s'en être emparée, l'armée continua sa marche vers le sud.

Comme le régiment de Mac-Ivor formait l'avant-garde des clans, Waverley, qui supportait la fatigue comme un véritable montagnard, et qui était en état de parler un peu le gaëlique, marchait toujours à la tête du corps, auprès du chef; mais ils voyaient les progrès de l'armée avec des yeux bien différens. Fergus, plein d'audace et de feu, se croyant en état de résister à l'univers entier, ne s'occupait d'aucun calcul, sinon que chaque pas qu'il faisait le rapprochait de Londres. Il ne demandait ni ne désirait d'autre secours que celui des clans, pour remettre les Stuarts sur le trône. Lorsque, par hasard, de nouveaux partisans venaient se ranger sous les drapeaux du Prince, Fergus ne les regardait que comme des intrus qui pouvaient diminuer les récompenses que le monarque ne manquerait pas de distribuer aux montagnards.

Les réflexions d'Édouard étaient d'une autre nature. Il avait remarqué que, dans toutes les villes où l'on avait proclamé Jacques III, personne ne criait: *God bless him* (1)! La populace restait ébahie et écoutait sans émotion, mais ne donnait que peu de signes de cet amour du bruit et du tumulte qui lui fait saisir toutes les occasions d'exercer sa voix mélodieuse. On avait fait croire aux jacobites que les comtés du nord étaient remplis de riches squires et de hardis fermiers dévoués

---

(1) Ce général s'était fait la réputation d'un bon officier sur le continent. — Éd.

(2) Dieu le bénisse! vive Jacques! — Éd.

à la Rose Blanche; mais ils virent peu de Torys de la classe aisée : les uns fuyaient, les autres feignaient d'être malades, d'autres se rendaient au gouvernement comme suspects. De ceux qui restaient, il y en avait qui regardaient avec une surprise mêlée de terreur et d'aversion ces montagnards dont le langage et les habillemens étaient si étranges. Les plus clairvoyans ne pouvaient concevoir que cette petite troupe, mal équipée, mal armée, mal disciplinée, vînt à bout de son entreprise téméraire : ainsi, l'armée du Prince ne se recruta que de ceux qu'aveuglait le fanatisme politique, et de quelques hommes ruinés qui n'avaient plus rien à perdre.

On demandait au baron de Bradwardine ce qu'il pensait de ces recrues ; il prit lentement sa prise de tabac, ouvrit de grands yeux, et répondit en secouant la tête :

— Je ne puis qu'en avoir une très-bonne opinion, puisqu'ils ressemblent exactement aux hommes qui vinrent se joindre au roi David, dans la caverne d'Adulam : *videlicet*, c'est-à-dire ce sont tous des endettés et des mécontens ; ce que la Vulgate rend par — gens dont l'ame était dans l'amertume. — Sans doute ils feront merveilles de leurs mains, et il en est besoin ; car j'en ai vu qui nous lançaient à nous-mêmes des regards bien sinistres.

Aucune de ces considérations n'inquiétait Fergus. Il admirait la fertilité du pays qu'ils traversaient et la situation des châteaux qu'ils voyaient : — Waverley-Honour, demanda-t-il à notre héros, est-il aussi beau que cette maison-là ?

— Il est deux fois plus grand.

— Le parc de votre oncle est-il aussi considérable que celui-ci ?

— Dix fois plus vaste, et plus semblable à une forêt qu'à un parc.

— Flora sera une femme heureuse!

— Miss Mac-Ivor, j'espère, n'aura pas besoin du château de Waverley pour être heureuse!...

— Je l'espère aussi; mais la possession d'une telle propriété mérite bien d'être mise en ligne de compte.

— Cette omission serait facilement réparée par miss Mac-Ivor.

— Que voulez-vous dire, M. Waverley? dit Fergus un peu déconcerté; parlez-vous sérieusement?

— Très-sérieusement, cher Fergus.

— Vous cherchez à me faire entendre que vous ne vous souciez plus de mon alliance ni de la main de ma sœur.

— Votre sœur a refusé la mienne, soit directement, soit par tous ces moyens que les dames ont coutume d'employer lorsqu'elles veulent éloigner un soupirant qui leur déplaît.

— Je n'ai jamais entendu dire qu'une dame renvoyât un soupirant, ou que celui-ci se retirât, sans s'expliquer devant le tuteur légal dont elle avait obtenu le consentement..... J'aime à croire que vous ne vous attendiez pas que ma sœur vous tombât dans la bouche comme une prune mûre, selon le proverbe de nos montagnes.

— Colonel, j'ignore entièrement quelles sont les formalités que vos dames emploient pour congédier leurs soupirans; je suis tout-à-fait étranger aux usages de vos montagnes, dans ces sortes d'affaires : mais je ne crois pas avoir le moindre droit d'interjeter appel de la sentence prononcée par miss Mac-Ivor. Je vous dirai franchement que tout en admirant la beauté reconnue et les rares talens de miss Mac-Ivor, je ne me déterminerais jamais à recevoir la main d'un ange, avec un empire pour dot, si je ne devais son consentement qu'à l'autorité, et à l'importunité de ses amis ou de ses tuteurs. Je n'aurai d'autre épouse que la personne qui m'honorera librement de son choix.

— Un ange avec un empire pour dot! dit Fergus avec un sourire sardonique..... Il me semble que c'est porter ses prétentions un peu haut, pour un simple squire de votre comté..... Mais, ajouta-t-il en changeant de ton, si Flora Mac-Ivor ne peut pas vous apporter un empire en dot, elle est ma sœur, et ce titre me donne lieu d'espérer que personne ne se permettra de la traiter d'une manière inconsidérée.

— Elle est Flora Mac-Ivor. Si j'étais capable de m'oublier à ce point envers une femme, je puis assurer que ce titre serait pour elle une protection suffisante.

Le front du Chef devint plus sombre. Édouard s'en aperçut; mais il était trop indigné du ton qu'il avait pris envers lui, pour se croire obligé de faire la moindre démarche propre à détourner l'orage. L'un et l'autre restaient calmes en apparence; mais Fergus paraissait hors d'état de garder plus long-temps cette réserve pénible: cependant il sut se contenir, il détourna la tête, et continua sa route dans le plus profond silence. Comme on était habitué à les voir marcher ensemble et toujours à côté l'un de l'autre, Waverley attendit tranquillement que son compagnon reprît sa bonne humeur, s'il le jugeait convenable, mais bien déterminé à ne pas faire la plus légère avance ni la moindre soumission.

Après un quart d'heure de marche dans ce silence obstiné, Fergus reprit la conversation, mais sur un ton différent. — Je crains de m'être emporté, dit-il; mais convenez, mon cher Édouard, que votre ignorance des usages du monde est impatientante. Vous avez pris la mouche parce que Flora vous a montré tant soit peu de pruderie, et peut-être un peu trop d'enthousiasme dans ses principes politiques........ Vous vous fâchez comme un enfant contre le joujou qu'il demandait en pleurant; et vous faites un crime à votre ami de n'avoir pas les bras assez longs pour atteindre jusqu'à Édimbourg, pour vous donner à l'instant l'objet de vos désirs. Vous conviendrez que si j'avais moins de prudence et de modération, le déplaisir que je dois éprouver en me voyant forcé de renoncer à une alliance que les montagnards et les habitans de la plaine regardent comme arrêtée, et cela sans en connaître le motif ni la cause; vous conviendrez, dis-je, qu'une pareille mortification serait bien capable d'enflammer un homme plus patient et plus froid que je ne le suis. Je vais écrire à Édimbourg, pour connaître la véritable situation de cette affaire; je ne ferai cependant cette démarche que dans la supposition qu'elle vous sera agréable.... Je ne puis croire que vous n'ayez plus pour Flora les mêmes sentimens que vous m'avez exprimés tant de fois.

— Colonel Mac-Ivor, répondit Édouard, qui ne se souciait nullement de s'engager plus avant dans une affaire qu'il regardait depuis long-temps comme terminée, je sens tout le prix des services que vous avez la bonté de m'offrir; et je me trouve très-honoré du zèle que vous montrez; mais, comme miss Mac-Ivor s'est déterminée, d'après sa propre volonté, à rejeter mes offres, je ne crois pas devoir me permettre de l'importuner de nouveau. Il y a long-temps que j'avais le projet de vous faire connaître ces détails: mais vous avez vu par vous-même où nous en étions avec votre sœur, et vous n'avez pu vous rien dissimuler. Je vous avoue que j'éprouvais la plus grande répugnance à mettre la conversation sur un sujet qui ne pouvait être que désagréable pour l'un et pour l'autre.

— Très-bien, M. Waverley; c'est une affaire finie. Je ne crois pas avoir besoin de presser ma sœur de se décider pour qui que ce soit au monde!

— Pas plus que je n'ai besoin de m'exposer de nouveau à voir mes offres rejetées!

— Je ferai cependant des démarches, ajouta Fergus comme s'il n'eût pas entendu la réflexion d'Édouard; je prendrai des renseignemens sur la manière dont ma sœur envisage cette affaire, et nous verrons alors comment elle doit se terminer.

— Vous ferez ce qu'il vous plaira; vous n'avez besoin des conseils de personne. Je sais qu'il est tout-à-fait impossible que miss Mac-Ivor change de manière de penser; mais si, contre toute probabilité, ce changement avait lieu, je resterais toujours le même : je ne vous fais cette observation que pour prévenir tout autre malentendu.

Mac-Ivor fut tenté de terminer sur-le-champ cette querelle par la voie des armes; il toisa Waverley d'un œil étincelant qui paraissait chercher la place où le fer devait frapper un coup mortel. Mais quoiqu'on ne se batte plus, de notre temps, d'après les règles et les figures de

Caranza ou de Vincent Saviola (1), cependant personne ne savait mieux que Fergus qu'un prétexte raisonnable était nécessaire pour un duel à mort. Par exemple, on peut envoyer un cartel à quelqu'un qui vous a marché sur le pied dans une foule, ou qui vous a poussé contre le mur, ou qui vous a pris votre place au théâtre, mais le code de l'honneur moderne ne permet pas de demander raison de ce qu'on cesse d'adresser ses vœux à une belle parente qui les a refusés. Fergus fut donc obligé de dévorer l'insulte qu'il prétendait avoir reçue, en se promettant de bien épier l'occasion d'en tirer vengeance sous tout autre prétexte.

Le domestique de Waverley avait toujours, à l'arrière-garde du bataillon auquel il était attaché, un cheval sellé pour son maître, quoique celui-ci s'en servît rarement; mais, dans ce moment, indigné de la conduite impérieuse et déraisonnable de celui qu'il avait cru son ami, il laissa défiler la colonne, et monta son cheval, dans l'intention de se rendre auprès du baron de Bradwardine, pour lui demander à servir sous ses ordres en qualité de volontaire.

— J'aurais fait une belle affaire, se dit-il chemin faisant, si je m'étais allié à cet homme rempli d'orgueil, d'amour-propre et de colère!... Il est colonel!... Il mérite le grade de généralissime!... — Chef d'un petit clan de trois à quatre cents hommes, il a tout l'orgueil qu'il faut pour être khan de Tartarie, grand-seigneur ou grand-mogol!..... m'en voilà délivré! Si Flora était un ange, le beau-frère de son mari serait un second Lucifer d'ambition et de colère.

(1) Fameux professeur dans cet art que caractérise si bien le maître d'armes du *Bourgeois Gentilhomme*. — Éd.

Le baron, dont l'érudition languissait faute d'exercice (comme Sancho, dans la Sierra-Morena, trouvait que les proverbes moisissaient dans sa poitrine), fut charmé de la proposition que lui fit notre héros, espérant se dédommager du pénible silence qu'il gardait depuis long-temps.

Cependant le bon vieillard fit plusieurs efforts pour réconcilier les deux amis. Fergus n'écouta ses représentations qu'avec la plus grande froideur, et Waverley ne crut pas qu'il fût de son devoir de faire les premières démarches pour renouer des liens que le premier avait rompus d'une manière aussi peu raisonnable. Le baron en rendit compte au Prince, qui, pour prévenir toute querelle dans sa petite armée, promit de remontrer à Mac-Ivor l'inconvenance de sa conduite. Les embarras de la marche furent cause que deux jours s'écoulèrent sans que Charles-Édouard trouvât l'occasion d'interposer sa médiation.

Waverley fit usage des connaissances militaires qu'il avait acquises dans le régiment de G***, et servit d'adjudant au baron. *Parmi les aveugles un borgne est roi*, dit le proverbe français. La cavalerie, qui n'était composée que de gentilshommes des Lowlands, de leurs fermiers et de leurs domestiques, conçut la plus haute idée des talens de Waverley et le plus sincère attachement pour sa personne. Ils se trouvaient très-honorés de ce qu'un gentilhomme distingué eût quitté les Highlanders pour venir servir avec les dragons en qualité de simple volontaire. Il y avait une inimitié secrète entre la cavalerie et l'infanterie, non-seulement pour cause de prééminence dans le service, mais parce que la plupart des gentilshommes des basses-terres, qui habitaient près des Highlands, avaient eu souvent des disputes avec les clans voisins, et voyaient de très-mauvais œil qu'ils prétendissent avoir plus de courage qu'eux et mieux servir le Prince.

# CHAPITRE LVIII.

La confusion est dans le camp du roi Agramant.

WAVERLEY avait l'habitude de s'écarter quelquefois du régiment pour observer tous les objets curieux qu'il apercevait à quelque distance. On était dans le Lancashire ; il quitta son escadron pendant une demi-heure pour aller prendre le croquis d'une ancienne forteresse garnie de tours et de créneaux. Il redescendait l'avenue, lorsqu'il rencontra l'enseigne Mac-Combich. Cet homme avait conçu une espèce d'attachement pour notre héros, depuis le jour qu'il le trouva à Tully-Veolan, et qu'il l'introduisit chez les montagnards. Il semblait ralentir le pas à dessein, comme pour rencontrer notre héros; cependant, lorsqu'il passa près de lui il s'approcha seulement de son étrier, — ne prononça que ces mots : *Prenez garde!* et s'éloigna rapidement pour éviter toute explication.

Édouard, un peu surpris de cet avertissement, suivit Evan des yeux, et le vit bientôt disparaître au milieu des arbres. Son domestique, Alick Polwarth, qui était avec son maître, vit aussi le Highlander s'éloigner, et se rapprocha d'Édouard :

— Je veux ne plus rien croire, dit-il d'un air alarmé, si vous êtes en sûreté au milieu de ces montagnards.

— Que voulez-vous dire, Alick?

— Monsieur, les Mac-Ivor ont mis dans leur tête que vous aviez fait un affront à leur jeune maîtresse, miss Flora ; j'en ai entendu quelques-uns menacer de vous prendre pour un coq de bruyère. Vous savez bien vous-même que la plupart d'entre eux ne se feraient pas scrupule de tirer sur le Prince lui-même, si leur chef leur en donnait le signal par un simple coup d'œil, ou même sans son ordre, s'ils croyaient qu'il en serait bien aise.

Quoique convaincu que Fergus n'était pas capable d'une perfidie semblable, Waverley sentit qu'il aurait tout à craindre de se trouver à la merci de ces montagnards. Il savait que lorsque l'honneur d'un chef ou de sa famille était attaqué, chaque membre du clan aspirait au bonheur de le venger. Il connaissait leur proverbe : — La vengeance la plus prompte et la plus sûre est la meilleure. — Il crut donc prudent de piquer des deux d'après l'avis d'Evan, et de rejoindre promptement son escadron. Avant qu'il fût arrivé au bout de l'avenue, une balle lui rasa l'oreille en sifflant, et l'on entendit un coup de pistolet.

— C'est ce démon de Callum Beg, dit Polwarth ; je

l'ai vu fuir en se cachant dans ces longues herbes.

Justement indigné de cette trahison, Édouard sortit au galop de l'avenue. Il vit à quelque distance le bataillon d'Ivor qui défilait dans la plaine; il aperçut en même temps un homme courant à perte d'haleine pour se placer dans les rangs. Il en conclut que c'était l'assassin qui, en sautant par-dessus les clôtures, devait arriver plus promptement à son corps qu'un homme à cheval. Ne pouvant plus se modérer, il donna l'ordre à Polwarth d'aller trouver le baron de Bradwardine, dont le régiment était à peu de distance, et lui rendre compte de tout ce qui venait de se passer. Il mit lui-même son cheval au galop pour joindre la troupe d'Ivor. Le Chef venait de quitter le Prince et se rendait à son poste : il n'eut pas plus tôt aperçu Waverley, qu'il tourna bride pour venir au-devant de lui.

—Colonel Mac-Ivor, dit Édouard sans autre préambule, je dois vous informer qu'un de vos gens vient de tirer sur moi d'un endroit où il s'était mis en embuscade.

—Comme c'est un plaisir que je veux me procurer sur-le-champ (mais non pas d'une embuscade), je serais charmé de connaître celui de mon clan qui s'est permis de me prévenir.

—Je suis à vos ordres partout où vous voudrez : le gentilhomme qui vous a prévenu est votre page que voilà, Callum Beg.

—Callum, dit Fergus, sortez des rangs; avez-vous fait feu sur M. Waverley?

—Non, répondit Callum sans la moindre émotion.

—C'est vous-même, dit Polwarth qui s'était empressé de revenir sans épargner ses éperons ni les flancs de son cheval, après avoir chargé un cavalier de sa commission pour le baron; c'est vous-même : je vous ai vu aussi distinctement que j'ai vu la vieille église de Coudingham.

—Vous mentez, répondit Callum avec son imperturbable sang-froid.

Le combat des deux chevaliers eût sans doute été précédé, comme du temps de la chevalerie, par celui des écuyers; Polwarth était un brave paysan du comté de Merse, qui craignait moins la claymore et le dirk des montagnards que les flèches de Cupidon; mais le chef demanda le pistolet de Callum avec son ton impératif habituel. Le bassinet ouvert et la platine noire de fumée indiquaient que l'arme venait d'être déchargée.

—Tiens, dit Fergus en lui frappant sur la tête de toute la force de son bras avec le lourd pistolet, tiens, cela t'apprendra si tu dois agir sans attendre mes ordres, et mentir ensuite pour te disculper. Callum reçut le coup sans chercher à l'éviter, et tomba. — Ne faites pas un pas, dit Fergus au reste du clan, il y va de votre vie! Je brûlerai la cervelle à quiconque osera s'interposer entre M. Waverley et moi. Tous restèrent immobiles: Evan Dhu fut le seul qui donna quelques signes d'inquiétude et de chagrin. Callum, étendu sur la terre, perdait beaucoup de sang; mais personne n'osa se hasarder à lui porter le moindre secours; il paraissait avoir reçu le coup de la mort.

—Quant à vous, M. Waverley, ajouta Fergus, ayez la complaisance de faire reculer votre cheval à vingt pas. — Waverley se rendit à son invitation. Quand ils furent seuls à quelque distance, le chef ajouta avec une froideur affectée : —J'avais tout lieu de m'étonner, monsieur, de la réserve mystérieuse avec laquelle vous m'avez parlé il y a quelques jours. Un ange, comme vous l'avez très-bien dit, n'aurait pu vous plaire s'il ne vous eût apporté un empire pour dot. Je me suis procuré d'excellens commentaires sur ce texte qui me paraissait d'abord si obscur.

—Je ne puis deviner ce que vous voulez me dire, à moins que vous n'ayez formé le projet de chercher un sujet de querelle.

—N'affectez pas une ignorance qui ne peut vous servir : le Prince, le Prince lui-même m'a fait connaître vos manœuvres. J'étais loin de supposer que vos liaisons avec miss Bradwardine fussent un motif suffisant pour vous faire rompre les engagemens que vous aviez avec ma sœur. Je vois maintenant que ce n'est que lorsque vous avez appris que le baron avait changé la destination de ses terres, que vous avez cru devoir repousser la sœur de votre ami et lui enlever sa maîtresse.

—Le Prince vous a dit que j'avais des engagemens avec miss Bradwardine? cela n'est pas possible.

—Il me l'a dit : tirez votre épée et défendez-vous, à moins que vous ne préfériez renoncer à toutes vos prétentions.

—C'est une démence ou quelque étrange méprise.

—Point d'évasion, tirez votre épée, répliqua Fergus hors de lui-même en tirant la sienne du fourreau.

—Dois-je me battre comme un fou, sans savoir pourquoi?

—Renoncez donc pour toujours à vos prétentions sur la main de miss Bradwardine!

—De quel droit, s'écria Waverley, de quel droit me parlez-vous ainsi? Quel est l'homme sur la terre qui croira avoir le droit de me dicter des conditions semblables? Et à ces mots Waverley mit l'épée à la main.

Ils allaient croiser le fer lorsque le baron arriva suivi d'une grande partie de ses cavaliers. Ils venaient à toute bride, les uns par curiosité, les autres pour prendre part à la dispute. A leur approche les montagnards se mirent en devoir de soutenir leur chef; tout annonçait que cette scène de confusion finirait par être sanglante. Le baron pérorait, Fergus tempêtait, les Highlanders criaient en gaélique, et les cavaliers juraient dans le dialecte des Lowlands; enfin les choses en vinrent au point que le baron menaça de charger les Mac-Ivors s'ils ne reprenaient leurs rangs; et plusieurs d'entre eux, en réponse, lui présentèrent le canon de leurs armes à feu. Le désordre était sourdement entretenu par le vieux Ballenkeiroch, qui espérait que le jour de la vengeance était arrivé, quand tout à coup un cri s'éleva : — Place, place! *place à Monseigneur! place à Monseigneur!*

Ce cri annonçait le Prince; c'était lui en effet, suivi d'un détachement du régiment étranger de Fitz-James-Dragons, qui lui servait de gardes-du-corps. Son arrivée rétablit l'ordre peu à peu : les montagnards reprirent leurs rangs; les cavaliers remirent le sabre dans le fourreau; — le baron et Fergus gardaient le plus profond silence.

Le Prince les appela ainsi que Waverley. Lorsqu'il eut appris que la dispute provenait de la scélératesse de Callum Beg, il ordonna qu'il fût remis de suite au grand prévôt de l'armée, pour en faire justice sur-le-champ. Fergus, du ton d'un homme qui semble réclamer un droit plutôt que solliciter une faveur, le pria de lui permettre d'en faire justice lui-même. Un refus aurait porté atteinte au droit patriarcal des chefs, droit dont ils étaient très-jaloux. Le Prince savait combien il était dangereux de les mécontenter : il consentit en conséquence à ce que Callum fût livré à la justice de son propre clan.

Le Prince s'informa du sujet de la querelle qui s'était élevée entre Fergus et Waverley; un profond silence régna pendant quelques minutes. Les deux jeunes gentilshommes n'osaient s'expliquer en présence du baron de Bradwardine, parce qu'ils auraient été forcés de nommer sa fille. Ils tenaient leurs regards fixés vers la terre; leur visage annonçait la crainte et l'embarras. Le Prince, élevé au milieu des mécontens de toute espèce à la cour de Saint-Germain, avait fait son apprentissage *du métier de roi*, pour nous servir des expressions du grand Frédéric; il sentait combien il était urgent de maintenir ou de rétablir l'union parmi ses partisans, et il prit sur-le-champ les mesures qu'il jugea convenables.

— M. de Beaujeu (1)? dit-il. — Monseigneur? répondit un jeune officier français de très-bonne mine qui lui servait d'aide-de-camp.

— Ayez la bonté d'aligner ces montagnards-là, ainsi que la cavalerie, s'il vous plaît, et de les remettre à la marche; vous parlez si bien l'anglais! cela ne vous donnera pas beaucoup de peine.

— Ah! pas du tout, Monseigneur, reprit le comte de Beaujeu en s'inclinant très-profondément; et il fit *piaffer* son cheval en tête du régiment de Fergus, quoi-

---

(1) Tout ce dialogue est en français et en mauvais anglais dans l'original. — Tr.

qu'il n'entendît pas un mot du gaëlique et très-peu d'anglais.

—Messieurs les sauvages écossais, dit-il, c'est-à-dire *gentlemans savages*, *have the goodness* (1) d'arranger vous!

Le clan, qui comprit le commandement bien plus par les gestes que par les paroles, s'empressa de s'aligner.

— Ah! *ver well!* c'est-à-dire fort bien, reprit le comte de Beaujeu, *gentilmans savages!* — Mais très-bien. Eh bien, qu'est-ce que vous appelez *visage*, monsieur (s'adressant à un soldat près de lui)? — Ah oui! *face!* — Je vous remercie, monsieur. — Gentilshommes, *have the goodness to make* de face *to de right* par file. —Marche! — Mais très-bien! Encore, messieurs. — Il faut vous mettre à la marche. — Marchez donc, au nom de Dieu! parce que j'ai oublié le mot anglais. — Mais vous êtes de braves gens, et me comprenez très-bien.

De là, le comte dirigea son cheval vers la cavalerie du baron de Bradwardine, pour faire la même opération. — *Gentilmans cavalerie, you must fall in*..... (2) — Ah! par ma foi, je ne vous ai pas dit de tomber, à vous. — J'ai peur que le gros *gentleman* ne se soit fait mal. — Ah! mon Dieu, c'est le commissaire qui nous a apporté les premières nouvelles de ce maudit fracas. J'en suis trop fâché, monsieur.

Mais le pauvre Macwheeble, qui figurait en qualité de commissaire des guerres, avec sa longue épée au côté et une cocarde blanche large comme une galette, venait d'être désarçonné dans le tumulte; et avant de pouvoir remettre son bidet au pas, il se vit laissé à l'ar-

---

(1) Ayez la bonté.

(2) Gentilhomme de cavalerie, vous devez tomber en... Il y a équivoque dans ces mots. — Éd.

rière-garde, aux grands éclats de rire des spectateurs.

— Eh bien, messieurs, *wheel to de right* (1) — Ah! c'est cela. — Eh! M. de Bradwardine, ayez la bonté de vous mettre à la tête de votre régiment, car, par Dieu, je n'en puis plus!

Le baron fut obligé de venir au secours de M. de Beaujeu, qui se trouvait au bout de son anglais. Le double but que le Prince s'était proposé était rempli. Le premier était de changer la disposition d'esprit des montagnards et des cavaliers, qui ne purent s'empêcher d'écouter attentivement le commandement sorti de la bouche d'un étranger; et le second, d'éloigner le baron de Bradwardine.

— Messieurs, dit Charles-Édouard à Fergus et à Waverley lorsqu'il se vit seul avec eux, si j'étais moins redevable à votre amitié désintéressée, je vous témoignerais le mécontentement que m'a donné votre folle querelle dans un moment où le service de mon père réclame si impérieusement la plus parfaite union parmi tous ses amis. Ce qu'il y a de plus douloureux pour moi, c'est de voir que ceux que je me fais un devoir d'estimer et de chérir se font un jeu de ruiner toutes mes espérances.

Les deux jeunes gentilshommes s'empressèrent de lui témoigner respectueusement qu'ils s'en rapportaient à sa décision.

— J'avoue, dit Édouard, que je ne saurais comprendre de quoi je suis accusé. Je n'ai cherché la rencontre du colonel Mac-Ivor que pour l'informer que j'avais failli être assassiné par un de ses gens. Quant au

---

(1) Tournez à droite. Le Comte de Beaujeu prononce *de* pour *the*. — Éd.

motif qui le porte à me chercher querelle, je ne sais autre chose, sinon qu'il m'accuse sans fondement d'avoir contrarié ses prétentions, en prenant des engagemens avec une jeune dame qu'il aime.

— Si je suis dans l'erreur, répondit Fergus, elle provient de la conversation dont Son Altesse Royale m'a honoré ce matin.

— De notre conversation? répondit le Chevalier; est-il possible que Mac-Ivor m'ait si mal compris!

Il le conduisit à l'écart, et, après quelques minutes d'une conversation très-animée, il revint au galop vers Édouard.

— Est-il possible, dit-il..... Colonel, approchez, je n'aime pas les secrets; — est-il possible, M. Waverley, que je me sois trompé en supposant que vous étiez l'amant aimé de miss Bradwardine. Quoique vous ne m'en eussiez jamais parlé, j'en étais tellement persuadé, que j'ai cru pouvoir le dire ce matin au colonel Vich Ian Vohr, afin qu'il eût un motif de ne pas se trouver offensé si vous cessiez d'ambitionner une alliance qu'un soupirant libre de tout lien antérieur n'abandonnerait pas légèrement, même après un refus.

— Votre Altesse Royale, répondit Waverley, doit avoir fondé sa croyance sur des conjectures qui me sont tout-à-fait inconnues, lorsqu'elle m'a fait l'honneur de supposer que j'étais l'amant aimé de miss Bradwardine. Je sens très-bien tout ce qu'il y a d'honorable dans cette supposition; mais je n'ai aucun titre pour la mériter; quant au reste, j'ai trop peu de confiance dans mon propre mérite pour espérer de réussir après avoir été refusé positivement.

Le Chevalier garda le silence pendant quelques instans, regardant tour à tour Édouard et Fergus.

— M. Waverley, dit-il enfin, sur mon honneur vous êtes moins heureux que je ne le pensais, non sans raison selon moi. — Messieurs, permettez-moi d'être médiateur entre vous, non en ma qualité de Prince régent, mais comme Charles Stuart, comme votre frère d'armes dans la même cause. Oubliez tous mes titres ; ne songez qu'à votre honneur. Quel scandale pour nos amis ! quel triomphe pour les Hanovriens, de voir qu'étant en si petit nombre la désunion règne parmi nous ! Cessez de faire du nom des dames dont il est question un sujet de discorde. Permettez-moi de vous représenter qu'elles méritent plus d'égards et plus de respect de votre part !

Le Prince tira Fergus à l'écart, et lui parla d'une manière très-animée pendant deux ou trois minutes ; il revint ensuite vers Waverley pour lui dire : — Je crois avoir démontré au colonel Mac-Ivor que son ressentiment provenait d'un malentendu auquel j'avais donné lieu. Je suis persuadé que M. Waverley est trop généreux pour garder la moindre rancune de ce qui s'est passé. D'après l'explication que je viens de vous donner, j'espère, colonel, que vous détromperez votre clan pour prévenir toute nouvelle violence. — (Fergus s'inclina.) — Messieurs, que j'aie la satisfaction, avant de vous quitter, de vous voir vous donner la main.... Ils s'avancèrent froidement, à pas lents, chacun voulant éviter d'être le premier à faire une telle concession. Cependant ils finirent par se secouer la main et se séparèrent après avoir pris respectueusement congé du Chevalier.

Charles-Édouard alors dirigea son cheval vers le premier rang des Mac-Ivors, et mit pied à terre pour boire à la cantine du vieux Ballenkeiroch. Il marcha avec eux près d'un demi-mille, leur faisant plusieurs questions sur l'histoire et les alliances de Sliochd Nan Ivor, plaçant avec beaucoup d'adresse le peu de mots gaëliques qu'il connaissait, et témoignant le plus grand désir de s'instruire dans cette langue. Remontant ensuite à cheval, il joignit bientôt le régiment du baron de Bradwardine, et, lui faisant faire halte, examina dans le plus grand détail les armes et les harnois, prit note des principaux officiers et de plusieurs cadets. Il fit route pendant environ une heure avec le baron de Bradwardine, et supporta patiemment le récit de trois longues anecdotes sur le maréchal duc de Berwick.

— Ah! Beaujeu, mon cher ami, dit-il lorsqu'il eut rejoint son état-major, que mon métier de prince errant est ennuyeux parfois! mais, courage! c'est le grand jeu, après tout (1).

(1) Cette phrase est en français dans l'original. — Éd.

# CHAPITRE LIX.

Escarmouche.

Il est presque inutile de rappeler au lecteur qui a lu l'histoire, qu'après un conseil de guerre tenu à Derby (1), le 5 décembre, les montagnards renoncèrent au projet de s'avancer plus loin dans l'intérieur de l'Angleterre, et se décidèrent à se retirer vers le nord, au grand regret de leur jeune chef audacieux (2). Ils commencèrent en conséquence leur retraite; et, par la rapidité de leur marche, échappèrent aux mouvemens du duc de Cumberland, qui les poursuivait avec un corps de cavalerie très-nombreux.

(1) Derby, à trente lieues environ de Londres. — Éd.
(2) Le Prince (comme Fergus) ne céda à l'opinion de ces officiers qu'après avoir tout fait pour les décider à livrer bataille au duc de Cumberland. — Éd.

Cette retraite était une renonciation cruelle à leurs hautes espérances. Personne n'en avait entretenu d'aussi brillantes que Fergus : personne ne fut donc plus mortifié de ce changement. Il fit les plus vives remontrances dans le conseil de guerre ; et voyant qu'elles étaient sans effet, il ne put retenir des larmes de douleur et de rage. Depuis ce moment, il se fit dans toute sa personne un si grand changement, qu'il était pour ainsi dire impossible de reconnaître en lui ce jeune homme ardent, impétueux, pour qui, peu de jours auparavant, le monde paraissait trop étroit.

La retraite avait continué à s'opérer pendant plusieurs jours, lorsqu'un matin, vers le 12 décembre, Waverley ne fut pas peu surpris de recevoir la visite de Fergus dans les quartiers qu'il occupait dans un village, entre Shap et Penrith.

Comme il n'avait pas revu le chef depuis leur rupture, Édouard attendait avec inquiétude de connaître le motif de cette visite. Il remarquait avec surprise l'altération de toute sa personne : son regard avait perdu beaucoup de son feu, ses joues étaient creuses, sa voix languissante, sa démarche presque chancelante, et ses habillemens, qu'il arrangeait auparavant avec tant de soin, étaient jetés sans ordre sur sa personne. Il invita Waverley à l'accompagner jusqu'au bord d'une petite rivière du voisinage. Un sourire de mélancolie effleura ses lèvres lorsqu'il vit qu'Édouard prenait son épée et la fixait à sa ceinture. Aussitôt qu'ils furent arrivés dans un endroit couvert et solitaire sur le bord de l'eau.

— Eh bien, Waverley, dit Fergus, notre belle aventure est tout-à-fait manquée !..... Je serais charmé de connaître vos projets..... Ne me regardez pas avec cet air d'étonnement. Je reçus hier soir une lettre de ma sœur : si j'avais connu plus tôt les renseignemens qu'elle me donne, j'aurais évité une scène dont le souvenir m'est toujours douloureux. Je lui avais écrit notre querelle, et quel en était le motif. Elle me répond que jamais elle n'a encouragé vos espérances le moins du monde ; ainsi je me suis conduit en insensé..... Pauvre Flora ! Elle m'écrit, encore ravie de nos triomphes. Quel changement va se faire dans ses idées, lorsque la nouvelle de cette fatale retraite lui parviendra !

Waverley, sincèrement affecté par l'accent de profonde mélancolie avec lequel Fergus venait de parler, le supplia affectueusement d'oublier la pénible explication qu'ils avaient eue ensemble. Ils se serrèrent de nouveau la main ; mais cette fois c'était de bon cœur.

— Que comptez-vous faire ? demanda de nouveau Fergus ; ne feriez-vous pas bien de quitter cette malheureuse armée, de marcher à grandes journées vers le nord de l'Écosse, et de vous embarquer dans quelqu'un des ports qui sont encore en notre pouvoir ? Lorsque vous serez sur le continent, vos amis parviendront aisément à obtenir votre grace..... Je serais charmé que vous emmenassiez Rose Bradwardine comme votre épouse, et que vous prissiez l'un et l'autre Flora sous votre protection..... ( Édouard parut surpris ). Rose vous aime, et je crois que vous l'aimez aussi sans le savoir ; car vous ne passez pas pour être très-habile à démêler vos véritables sentimens. — Il prononça ces derniers mots avec une espèce de sourire.

— Mon ami, répondit Édouard, comment pouvez-vous me proposer de déserter une cause dans laquelle nous nous sommes tous embarqués ?

— Oui, embarqués!..... Le vaisseau ne tardera pas à s'engloutir; il est temps, pour ceux qui tiennent à la vie, de se jeter dans la chaloupe.

— Mais que feront les autres? et si notre retraite était aussi fatale que vous le dites, pourquoi les chefs des Highlands y ont-ils consenti?

— Ils sont persuadés que le gouvernement, comme lors de la première insurrection, ne fera décapiter ou pendre, et ne frappera de confiscation que les gentils-hommes des Lowlands, et qu'on les laissera tranquilles au milieu de leurs solitudes, d'où, suivant leur proverbe, ils pourront, du haut de leur rocher, examiner les flots jusqu'à ce que les vents soient apaisés; mais ils se trompent!.... Ils ont été trop souvent importuns pour qu'on le leur passe si souvent, et John Bull, cette fois, a été trop effrayé pour qu'il reprenne de long-temps sa bonne humeur. Les ministres hanovriens ont de tout temps mérité d'être pendus comme des coquins; mais à présent s'ils ont la force en main ( ce qui ne peut manquer d'arriver bientôt, puisque l'Angleterre ne fait aucun mouvement, et que la France n'envoie pas le moindre secours ); ils mériteraient la potence comme des imbéciles, s'ils laissaient un seul clan de Highlands en état d'inquiéter le gouvernement..... Ils ne se contenteront pas de couper les branches, ils déracineront l'arbre.

— Vous me recommandez la fuite, c'est un conseil que je ne suivrai pas, au péril de ma vie; mais vous, quels sont vos projets?

— Oh! mon destin est fixé! demain je serai mort ou prisonnier.

— Que voulez-vous dire, cher Fergus? L'ennemi est

encore à une journée de marche derrière nous : d'ailleurs, nous sommes assez forts pour le repousser; souvenez-vous de Gladsmuir.

— Ce que je vous dis n'en est pas moins la vérité, du moins pour ce qui me concerne personnellement.

— Sur quoi fondez-vous cette triste prédiction?

— Sur une autorité qui n'a jamais trompé aucun membre de ma famille..... J'ai vu..... j'ai vu, ajouta-t-il d'une voix étouffée, j'ai vu le *Bodach-Glas!*

— Le Bodach-Glas?

— Oui. Pendant le long séjour que vous avez fait à Glennaquoich, n'avez-vous jamais entendu parler du fantôme gris, quoique nous n'en parlions jamais qu'avec répugnance?

— Non, jamais.

— Ah! la pauvre Flora vous aurait bien intéressé par ce récit! — Si cette colline était Benmore, ou si ce long lac bleu, que vous voyez se dérouler entre ces montagnes, était le Loch Tay ou mon Loch an Ri, ce que je vais vous raconter serait mieux en harmonie avec un tel site. Cependant asseyons-nous sur ce monticule : Saddleback et Ulswater (1) conviendront mieux à ce que j'ai à vous confier, que les haies vives, les clôtures et les fermes d'Angleterre. Vous saurez donc que, lorsque mon aïeul Ian-Nan-Chaistel ravagea le Northumberland, il s'était associé, pour cette expédition, avec un chef du midi de l'Écosse, ou capitaine d'une bande de Lowlanders, nommé Halbert Hall. En retournant chez eux, par les monts Cheviots, ils eurent une

(1) Montagne et lac du Westmoreland. Le Westmoreland et le Cumberland offrent des lacs et des montagnes comme l'Écosse, mais sous des formes moins sauvages. — Éd.

querelle au sujet du partage du butin, et en vinrent des paroles aux coups. Les Lowlanders furent tous exterminés, et leur chef tomba lui-même le dernier sous l'épée de mon ancêtre. Depuis lors son esprit s'est toujours présenté aux Vich Ian Vohr, lorsque quelque grand malheur les menace, mais surtout quand leur mort approche. Mon père le vit deux fois : la veille de la bataille où il fut fait prisonnier à Sheriff-Muir, et le jour de sa mort.

— Mon cher Fergus, comment pouvez-vous me parler sérieusement d'un conte semblable?

— Je ne vous demande pas de me croire; mais je vous dis une vérité confirmée par trois cents ans d'expérience, et par la mienne propre, cette nuit.

— Au nom du ciel, expliquez-vous!

— Je vais le faire, mais à condition que vous ne chercherez pas à plaisanter sur ce que je vais vous dire... Écoutez!... Depuis le jour où notre malheureuse retraite a commencé, le sommeil n'a, pour ainsi dire, pas fermé mes yeux un seul instant, tant j'étais occupé du sort de mon clan, de ce pauvre Prince qu'on ramène, bon gré mal gré, comme un chien en laisse, et de la ruine totale de ma famille! Cette nuit, agité par la fièvre, j'ai quitté mon quartier, et je suis sorti, dans l'espoir que l'air froid me rendrait quelques forces. Je ne saurais vous dire combien il m'en coûte de poursuivre, certain comme je suis que vous n'ajouterez guère foi à mon récit..... Quoi qu'il en soit, j'ai traversé un ruisseau sur lequel on a formé un petit pont avec quelques planches. J'allais et venais sans direction fixe... Tout à coup les rayons de la lune m'ont fait apercevoir, à quelques toises devant moi, la figure d'un homme très-grand, enveloppé dans un manteau gris, semblable à ceux que portent les bergers dans le sud de l'Écosse. J'ai eu beau changer de direction, il était toujours devant moi à la même distance.

— C'était sans doute un paysan du Cumberland dans son costume habituel.

— Non : je l'ai d'abord cru, et j'étais étonné qu'il eût cette insolence de s'attacher à mes pas ;... je l'ai appelé à plusieurs reprises sans obtenir de réponse. J'ai senti battre mon cœur ; et, voulant m'assurer de la vérité de ce que je craignais, je me suis retourné à droite, et puis à gauche ; j'ai marché en avant ; je suis revenu sur mes pas. — Par le ciel ! Édouard, de quelque côté que je me tournasse, le fantôme était aussitôt devant moi. Je n'ai pu douter que ce ne fût le Bodach-Glas... Mes cheveux se sont hérissés... mes jambes ont chancelé... j'ai fait cependant un effort sur moi-même, pour rejoindre mon quartier ; le fantôme a glissé devant moi (je ne dirai pas qu'il marchait), gardant toujours la même distance. Puis il s'est arrêté à l'entrée du pont, et s'est tourné vers moi... Il me fallait traverser le ruisseau à gué ou passer devant le fantôme aussi près que je le suis de vous. Le désespoir, et la certitude que ma mort approchait, ont ranimé mon courage : j'ai tiré mon épée. Après avoir fait le signe de la croix, — Esprit du mal, ai-je crié, retire-toi. — Vich Ian Vohr, m'a répondu le fantôme d'une voix qui a glacé tout mon sang, prends garde à toi, demain (1) ! — Il semblait n'être qu'à quatre pas de moi ; mais à ces mots il a disparu ; je suis rentré chez moi ; je me suis jeté sur mon lit, où j'ai passé quelques

(1) C'est cette apparition qui a fourni le sujet de la vignette du titre de ce volume. — Éd.

heures pénibles. Ce matin, je suis monté à cheval pour venir vous informer de ce qui m'était arrivé; il eût été trop cruel pour moi de mourir avant de m'être réconcilié avec un ami que j'ai offensé.

Édouard ne doutait pas que le fantôme n'eût été produit par l'imagination exaltée de Fergus, troublé comme il était par sa douleur et par la superstition si commune parmi les montagnards; il n'en fut pas moins vivement touché de sa situation. Pour le distraire de ces sombres images, il lui proposa de rester avec lui jusqu'à ce que tout son clan fût arrivé, et de continuer à marcher ensemble : Je suis bien assuré, dit-il, que le baron ne me refusera pas cette faveur.

— Je suis très-sensible à cette nouvelle marque d'amitié; mais dois-je l'accepter, cher Waverley? Nous sommes à l'arrière-garde, et c'est le poste le plus dangereux dans une retraite.

— Et le plus honorable!

— Eh bien! soit : dites à Polwarth de tenir toujours votre cheval prêt... J'aurai le plus grand plaisir à jouir de votre société encore une fois.

L'arrière-garde tarda quelque temps à paraître, ayant été arrêtée par plusieurs incidens, et surtout par les mauvais chemins; elle fit enfin son entrée dans le village, au moment même où Fergus et Waverley arrivaient, se tenant par le bras de la manière la plus amicale. A cette vue, le ressentiment des Highlanders contre notre héros s'évanouit; Evan Dhu l'accueillit avec un sourire de plaisir, et Callum Beg lui-même parut très-satisfait. Il avait recouvré toute son activité; mais il était pâle et avait la tête couverte d'un large bandeau.

— Il faut, dit Fergus, que ce gibier de potence ait la tête plus dure que le marbre : le chien de mon pistolet s'est cassé sur elle.

— Comment avez-vous pu frapper aussi rudement un si jeune garçon?

— Si ces coquins ne recevaient de temps en temps quelque réprimande, ils s'oublieraient.

On se mit en marche après avoir pris les précautions nécessaires pour éviter toute surprise. Les soldats de Fergus, et un beau régiment, venu de Badenoch, et formé du clan commandé par Cluny Macpherson, formaient l'arrière-garde. On venait de traverser une vaste étendue de bruyères, et l'on entrait dans les clôtures qui entourent le petit village de Clifton; le soleil était sur le point de se coucher, et Waverley se mit à railler Fergus sur les fausses prédictions du fantôme.

— Les ides de mars, lui dit Mac-Ivor en souriant, ne sont pas passées.

Il finissait à peine ces mots, qu'en jetant les yeux sur la bruyère, il aperçut un gros de cavalerie ennemie. On se hâta de se porter aux murailles qui font face à la plaine et à la grande route, et qui étaient les points par où l'ennemi devait pénétrer dans le village. Ces manœuvres étaient terminées à peine, que la nuit descendit épaisse et sombre, quoiqu'on fût à l'époque de la pleine lune, qui quelquefois cependant laissait tomber une clarté douteuse sur le lieu de l'action.

Les Highlanders furent bientôt inquiétés dans la position défensive qu'ils avaient choisie. A la faveur des ténèbres, un détachement de dragons, qui avaient mis pied à terre, essaya de franchir les clôtures, tandis qu'un autre cherchait à y pénétrer par la grande route;

mais tous deux furent reçus par un feu bien nourri qui éclaircit leurs rangs, et les arrêta dans leurs progrès. Non content de cet avantage, Fergus, dont le brûlant courage avait repris toute son impétuosité à l'approche du danger, encouragea les siens par la voix et par l'exemple. Il leva son épée en criant de toutes ses forces: *Claymore!* et, se précipitant sur les fuyards, les poursuivit l'épée dans les reins jusqu'à la plaine découverte, égorgeant tout ce qu'il rencontrait : le carnage fut affreux.

Mais la lune se dégagea soudain des nuages qui l'entouraient, et les Anglais virent le petit nombre d'hommes qui les poursuivaient dans le plus grand désordre. Deux escadrons vinrent aussitôt au secours de leurs camarades, et les montagnards s'empressèrent de regagner les clôtures. Plusieurs d'entre eux (malheureusement leur brave chef se trouva du nombre) furent cernés avant d'avoir pu exécuter leur projet. Waverley, dans la mêlée, avait été séparé du corps qui faisait sa retraite ; il aperçut à quelques pas son ami avec Evan et Callum, se défendant en désespérés contre une douzaine de dragons qui les chargeaient à coups de sabre. La lune, en ce moment, se couvrit de nouveau de nuages, et notre héros ne put ni porter du secours à ses amis, ni distinguer le chemin qu'il devait suivre pour rejoindre l'arrière-garde. Après avoir failli trois ou quatre fois d'être égorgé ou fait prisonnier, il parvint enfin aux retranchemens : il se hâta de les escalader, se croyant hors de tout danger, et près de rejoindre le gros de l'armée des Highlanders, dont il entendait les cornemuses à quelque distance de lui. Il n'avait d'autre espoir quant à Fergus, que celui de penser qu'il avait été fait prisonnier. En réfléchissant douloureusement sur ce qui venait de se passer, la superstition du Bodach-Glas vint se retracer à son esprit, et il se dit avec une émotion involontaire : — Le Démon dirait-il donc la vérité (1) ?

(1) Nous avons déjà vu le *Seer* des Highlanders annoncer la mort d'un homme, parce que le don de *seconde vue* lui avait montré le suaire qui l'enveloppait déjà d'avance. Le *Bodach-Glas* de Mac-Ivor est fondé sur une croyance non moins authentique parmi les Highlanders, à laquelle il est fait allusion dans la *Dame du Lac*, chap. III, paragr. VII. La plupart des grandes familles avaient, dit-on, un génie tutélaire ou ennemi qui les avertissait des malheurs dont elles étaient menacées. Celui du chef des Grants, appelé May Moullach, leur apparaissait sous la forme d'une jeune fille au bras velu. C'était quelquefois une fée appelée la Banschie qui annonçait les événemens funestes aux familles des Highlanders. — Éd.

## CHAPITRE LX.

Chapitre d'accidens.

Édouard était dans une position pénible et dangereuse. Il cessa bientôt d'entendre le son des cornemuses; et, ce qui était plus triste encore, après avoir fait long-temps d'inutiles recherches et avoir franchi plusieurs clôtures, il parvint enfin à la grande route; mais le bruit des timbales et des trompettes lui annonça que la cavalerie anglaise occupait le village et, par conséquent, était entre lui et les Highlanders. Il se vit donc obligé de faire un circuit à gauche, en suivant un sentier très-étroit, dans l'espoir de rejoindre les siens. Il marchait dans la boue, au milieu des ténèbres et par un froid cuisant; mais tous ces désagrémens disparaissaient devant la crainte très-naturelle de tomber entre les mains des soldats du roi.

Après une marche d'environ trois milles, il parvint à un hameau. Prévoyant que les habitans n'étaient pas, en général, partisans de la cause qu'il avait embrassée, il s'approcha néanmoins du cabaret du lieu, avec le projet de chercher à se procurer un cheval pour se rendre à Penrith, où il espérait trouver l'arrière-garde de l'armée du Chevalier. Un grand tumulte frappa bientôt ses oreilles : il s'arrêta pour écouter, et entendit distinctement trois ou quatre juremens en anglais, et le refrain d'une chanson de guerre; il ne put douter que ce hameau ne fût occupé aussi par les troupes du duc de Cumberland. Il s'éloigna sans faire de bruit, bénissant lui-même l'obscurité de la nuit, contre laquelle il venait de murmurer. Il se glissa derrière une barrière en palissade qui lui paraissait entourer un jardin; comme il cherchait à tâtons la porte de cet enclos, sa main fut saisie par la main d'une femme, qui disait en même temps : — Édouard, c'est toi, mon homme!

— Ce sera quelque malheureuse méprise, se dit Waverley, cherchant, avec douceur, à dégager sa main.

— Ne fais pas de bruit, ajouta-t-elle, ou les Habits-Rouges t'entendront; ils sont à accaparer tous ceux qui passent cette nuit devant le cabaret pour conduire leurs fourgons : viens chez mon père, ou ils te feront quelque mauvais tour.

— C'est un fort bon avis, se dit Édouard.

Il traversa le petit jardin sur les pas de la jeune fille, et parvint dans une cuisine pavée en briques. Sa conductrice se baissa pour allumer une allumette dans un feu presque éteint; à peine eut-elle regardé Waverley, qu'elle laissa tomber l'allumette, en criant de toutes ses forces : — Mon père! mon père!

Le père ainsi appelé parut bientôt : — vieux fermier robuste, avec une paire de culottes de peau, et des bottes sans bas, car il sortait du lit, et le reste de ses vêtemens était tout juste une robe de chambre du Westmoreland, c'est-à-dire sa chemise. Il portait de la main gauche une chandelle, et de la droite il brandissait un *poker* (1).

— Eh bien ! qu'est-ce qu'il y a, ma fille ?

— Ah ! répondit la pauvre fille dans un accès de terreur presque convulsive, j'ai cru que c'était Ned Williams, et c'est un homme en plaid.

— Et quelle affaire avais-tu à traiter avec Ned (2) Williams à l'heure qu'il est ?

La pauvre fille, qui rougissait jusqu'au blanc des yeux, ne fit pas la moindre réponse aux questions sans nombre qui lui furent adressées ; elle continuait à sangloter en se tordant les mains.

— Et toi, mon garçon, dit-il à Édouard, ignores-tu que les dragons sont dans le village, et que s'ils te rencontrent, ils te hacheront comme un navet ?

— Je sais que ma vie est en danger ; mais si vous venez à mon secours, je vous récompenserai largement : je ne suis pas un Écossais, mais un malheureux gentilhomme anglais.

— Peu m'importe que tu sois Écossais ou non, répondit l'honnête fermier ; j'aimerais mieux que tu fusses de l'autre côté du hallan (3) ; mais, puisque tu es ici, jamais Jacob Jopson ne vendra le sang de personne :

(1) Un *tisonnier*, instrument pour attiser le feu, qui fait partie indispensable d'une cheminée anglaise. — Éd.

(2) Abréviation d'Édouard. — Éd.

(3) Mur d'abri de la ferme. — Éd.

d'ailleurs les plaids ont été de braves gens, et n'ont pas
fait tant de mal ici hier (1). En conséquence, le brave
fermier s'occupa sérieusement à donner l'hospitalité à
notre héros pour la nuit. Il alluma le feu, après avoir
pris la précaution de calfeutrer la fenêtre pour que la
lumière ne pût être aperçue du dehors. Il coupa une
énorme tranche de jambon que Cicily fut chargée de
faire frire; le père ajouta à ce mets un pot d'excellente
bière mousseuse.

Il fut convenu qu'Édouard attendrait dans cette retraite que les troupes fussent parties; qu'alors on lui
procurerait un cheval et un guide pour essayer de rejoindre ses amis. En attendant, un lit grossier, mais
propre, le reçut après les fatigues de ce jour.

Le lendemain on apprit que les montagnards avaient
évacué Penrith, qu'ils se repliaient sur Carlisle, et que
les détachemens de l'armée du duc de Cumberland occupaient toutes les routes de cette direction. Essayer de
passer sans être découvert eût été de la plus grande
témérité, pour ne pas dire une véritable folie. Ned
Williams (le véritable Édouard) fut invité au conseil
que Cicily tint avec son père. Comme il se souciait sans
doute fort peu que le beau jeune homme qui portait son
nom prolongeât son séjour dans la maison de sa bien-
aimée (crainte de quelque nouvelle méprise), il proposa
à Édouard de quitter son uniforme des Highlands et de
prendre l'habillement du pays, pour être conduit dans
la ferme de son père, près de l'Ulswater, asile paisible
où il pourrait attendre, pour partir avec moins de risque,

(1) La conduite des Highland. rs devait d'autant plus étonner le
fermier, que l'on avait fait courir le bruit que l'armée du Prince
mangeait les petits enfans. — Éd.

la fin de toutes les opérations militaires dans le pays et les environs.

On convint du prix qu'il paierait pour être en pension chez le fermier jusqu'à ce qu'il pût se mettre en route en toute sûreté : il s'en fallut bien que ces gens honnêtes et simples profitassent de la malheureuse position d'Édouard pour lui demander des sommes exorbitantes.

On se procura bientôt les habillemens dont Édouard avait besoin, et le jeune fermier lui fit espérer qu'en suivant des sentiers de traverse connus de lui, ils arriveraient à la ferme sans rencontre fâcheuse. Le vieux Jopson et sa fille aux joues fraîches comme la cerise, refusèrent toute espèce de paiement pour l'hospitalité qu'ils avaient exercée : tout ce que put faire agréer Waverley, ce fut un baiser à Cicily, et un serrement de main à son père. Ils lui témoignèrent l'un et l'autre une inquiétude sincère, et firent des vœux bienveillans pour que son voyage fût heureux.

Le guide d'Édouard le conduisit à travers la plaine où l'escarmouche avait eu lieu. Les passagères lueurs d'un soleil de décembre brillaient tristement sur la vaste bruyère, qui, du côté de l'endroit où la grande route du nord-ouest passe entre les clôtures des domaines de lord Lonsdale (1), offrait le spectacle de cadavres d'hommes et de chevaux, avec le cortège habituel de la guerre,

(1) Le château du comte de Lonsdale (Lowther-Hall), est une des plus belles résidences seigneuriales du nord de l'Angleterre; il est situé près de Penrith, non loin de Brougham-Hall. La famille des Lowther exerce dans le comté une immense influence politique; mais il y a surtout dans leur château de nobles traditions de bienveillance et d'aimable hospitalité. — Éd.

une foule de corbeaux, de vautours et d'oiseaux de proie.

— C'est donc ici ton dernier champ de bataille! pensa Édouard, dont l'œil se remplissait de larmes au souvenir des traits brillans du caractère de Fergus et de leur intimité, car il avait oublié entièrement tous ses défauts et ses torts. Ici est tombé le dernier Vich Ian Vohr, sur une bruyère sans nom; c'est dans une obscure escarmouche que s'est éteint cet esprit ardent qui croyait si facilement ouvrir un chemin à son maître jusqu'au trône d'Angleterre! Ambition, politique, courage, qui aspiriez à aller au-delà de votre sphère, vous avez appris quel est le sort de l'homme mortel! Ah! il était aussi le seul soutien d'une sœur dont l'ame n'est pas moins fière, et qui même est plus exaltée que la sienne! Ici, Fergus, se sont évanouies toutes tes espérances pour Flora, et toute cette gloire de ta race, déjà si noble, et dont ta bravoure aventureuse prétendait encore ennoblir le nom!

Édouard, agité par toutes ces idées, prit la résolution d'aller visiter le champ de bataille, espérant découvrir le corps de son ami, avec la pieuse intention de lui rendre les derniers devoirs. Son guide timide lui objecta les dangers de cette entreprise; ce fut en vain: Édouard persista. Les hommes à la suite de l'armée avaient déjà dépouillé les morts de tout ce qu'ils avaient pu emporter. Mais les gens de la campagne, non familiarisés avec les scènes de carnage, ne s'étaient pas encore approchés du champ de bataille; quelques-uns seulement se hasardaient à le regarder de loin avec terreur. Environ soixante ou soixante-dix dragons étaient étendus morts dans la première clôture, sur la grande route et sur la bruyère. Des Highlanders, douze tout au plus avaient succombé : c'étaient ceux qui, s'étant avancés trop loin, n'avaient pu rejoindre leurs camarades. Édouard ne put trouver le corps de Fergus parmi les morts. Sur une petite éminence, séparés des autres, étaient les cadavres de trois dragons anglais, de deux chevaux, et du page Callum Beg, dont le crâne si dur avait enfin été fendu par le sabre d'un soldat. Peut-être le clan de Mac-Ivor avait-il enlevé le corps de son chef; mais il était possible aussi qu'il eût échappé au trépas, d'autant plus qu'Évan Dhu, qui ne l'eût pas abandonné, n'était pas parmi les morts. Enfin il pouvait être prisonnier, et la menace du Bodach-Glas ne s'était alors accomplie que dans ce qu'elle avait de moins redoutable.

L'approche d'un détachement, envoyé pour forcer les paysans à enterrer les morts, et qui en avait déjà rassemblé plusieurs pour cela, vint obliger Édouard à rejoindre son guide, qui l'attendait dans la plus grande inquiétude, sous une allée d'arbres.

Quand ils eurent quitté ce champ de trépas, ils firent heureusement le reste de la route. A la ferme de Williams, Édouard passa pour un jeune parent, élevé dans les ordres ecclésiastiques, qui s'était retiré à la campagne pour attendre la fin des troubles. Cette histoire écarta tout soupçon parmi les paysans bons et simples du Cumberland; et l'air grave et les habitudes sérieuses du nouvel hôte de la ferme s'accordaient parfaitement avec le rôle qu'il prenait. Cette précaution devint plus utile à Édouard qu'il ne l'avait d'abord cru; étant obligé, par plusieurs accidens, de prolonger son séjour à Fasthwaite, comme on appelait la ferme.

La neige, qui tomba en très-grande quantité, ne lui permit pas de partir avant quinze jours. Lorsque les chemins commencèrent à être praticables, il apprit successivement que le Chevalier avait fait sa retraite en Écosse (1); ensuite qu'il avait abandonné les frontières en se retirant vers Glascow, et que le duc de Cumberland faisait le siège de Carlisle. L'armée anglaise ôtait donc à Waverley toute possibilité de se retirer en Écosse par cette direction. Du côté de l'est, le maréchal Wade marchait sur Édimbourg, à la tête d'une forte armée. Enfin, tout le long des frontières, des milices, des volontaires et des partisans s'étaient armés pour éteindre l'insurrection et arrêter tous les traîneurs que l'armée des Highlanders avait laissés en Angleterre. Bientôt la reddition de Carlisle, et les mesures sévères dont on menaçait la garnison rebelle, devinrent de nouveaux motifs pour renoncer à toute idée d'oser se mettre en route, seul, à travers un pays ennemi et une armée nombreuse, sans avoir l'espoir de servir une cause qui paraissait tout-à-fait désespérée.

Dans son asile solitaire, privé du bonheur de converser avec des personnes d'un esprit cultivé, Édouard pensa bien souvent à tout ce que le colonel Talbot lui avait dit; un souvenir plus pénible encore agitait son sommeil, — c'étaient les derniers regards, le dernier geste de G..... mourant. Lorsque les rares communications des courriers lui apportaient les nouvelles des succès et des revers alternatifs des deux partis, il se promettait bien qu'il ne tirerait plus l'épée dans une guerre civile. Puis, la mort supposée de Fergus se retraçait à son esprit, avec la situation désespérée de

(1) Le Prince passa l'Esk pour rentrer en Écosse le 20 décembre, jour anniversaire de sa naissance. — Éd.

Flora, et, avec des images plus tendres, celle de Rose Bradwardine, — la pauvre Rose n'avait pas cet enthousiasme de loyalisme qui ennoblissait du moins le malheur aux yeux de son amie. Ces rêveries, Édouard pouvait s'y livrer sans être troublé par des visites ou des questions importunes. Ce fut à mainte promenade d'hiver, sur les rives de l'Ulswater, bien plus qu'à son expérience précédente, qu'il fut redevable de la force de maîtriser son ame domptée par l'infortune, et qu'il put se dire avec fermeté, mais non peut-être sans un soupir : « Le roman de ma vie est fini; son histoire réelle commence. »

Il fut bientôt appelé à faire l'épreuve de sa raison et de sa philosophie.

# CHAPITRE LXI.

Voyage à Londres.

Tous les habitans de la ferme de Fasthwaite furent bientôt attachés à Waverley. Il avait, en effet, cette politesse et cette amabilité qui se concilient presque toujours l'affection. Ces bonnes gens respectaient dans leurs idées simples sa supériorité d'instruction, et son chagrin le rendait intéressant à leurs yeux. Il avait éludé les questions en attribuant sa tristesse à la perte d'un frère tué dans l'escarmouche de Clifton. Dans cette classe de la société moins éloignée des mœurs primitives, où les liens de la parenté étaient regardés comme sacrés, son accablement continuel excitait la sympathie mais non la surprise.

Vers les derniers jours du mois de janvier, un appel

fut fait en quelque sorte à la gaieté d'Édouard par l'heureuse union d'Édouard Williams, le fils de son hôte, avec Cicily Jopson. Notre héros crut qu'il était de son devoir de faire ses efforts pour ne pas attrister la noce de deux personnes qui lui avaient rendu de si grands services; il dansa, il chanta, il joua, et se montra le plus gai de l'assemblée; mais le lendemain il eut à réfléchir sur des affaires d'une nature bien différente.

L'ecclésiastique qui avait marié le jeune couple fut si charmé du soi-disant étudiant en théologie, que le lendemain il vint exprès de Penrith pour lui rendre visite. Notre héros se serait trouvé dans une position très-embarrassante, si la conversation eût roulé sur des matières théologiques; mais par bonheur pour lui l'ecclésiastique aimait mieux parler des affaires du moment. Il avait apporté plusieurs numéros d'anciennes gazettes, dans l'une desquelles Édouard trouva une nouvelle qui le rendit sourd à tout ce que lui disait le révérend M. Twigtythe sur les événemens d'Écosse et la probable destruction des rebelles par le duc de Cumberland. Voici l'article, ou à peu près ce qu'il disait :

— Le 10 du courant est décédé dans sa maison, Hill-Street, Berkeley-Square, Richard Waverley, second fils de sir Giles Waverley, de Waverley-Honour, après une maladie de langueur, aggravée par l'état de suspicion dans lequel il était, ayant été forcé de fournir caution comme accusé de haute trahison. Une accusation de même nature pèse sur sir Everard Waverley, son frère aîné. On dit que ce dernier sera mis en jugement dans les premiers jours du mois prochain, à moins qu'Édouard Waverley, fils de feu Richard, et héritier du baron, ne vienne se constituer prisonnier. On présume que, s'il prend ce parti, Sa Majesté arrêtera toutes les poursuites dirigées contre sir Everard. On assure que le jeune homme a eu le malheur de prendre les armes pour le Prétendant, et de marcher dans les rangs des Highlanders; mais on n'a plus entendu parler de lui depuis l'affaire du 18 décembre, à Clifton. »

Tel était cet affligeant paragraphe. — Grand Dieu ! se dit Édouard, suis-je donc un parricide ? — Impossible ! Mon père, qui ne m'avait jamais montré l'affection d'un père, n'a pu être assez affecté de ma mort supposée pour que cette nouvelle hâtât la sienne. Non, je ne saurais le croire. — Ce serait une folie que d'entretenir un seul moment une idée si horrible : mais ce serait un vrai parricide que de souffrir que le moindre danger menaçât l'oncle généreux qui fut toujours pour moi plus qu'un père, quand un tel malheur peut être détourné par un sacrifice de ma part !

Pendant que ces réflexions déchiraient le cœur de Waverley, l'ecclésiastique interrompit une longue dissertation sur la bataille de Falkirk, en remarquant l'effrayante pâleur de son visage, et lui demanda s'il se trouvait mal. Heureusement la jeune mariée entra rayonnante de joie et de fraîcheur. Mistress Williams n'était pas une femme des plus brillantes, mais elle était bonne ; et, devinant qu'Édouard venait d'apprendre par les papiers publics quelque nouvelle désagréable, elle trouva le moyen de détourner l'attention du ministre, et de le tenir occupé d'autres objets jusqu'au moment de son départ. Waverley s'empressa d'annoncer à ses hôtes qu'il était obligé de partir pour Londres dans le plus court délai possible.

Il éprouva cependant un sujet de retard auquel il n'était pas accoutumé. Quoique sa bourse fût bien garnie lorsqu'il était parti pour Tully-Veolan, il s'aperçut, après avoir payé son hôte, qu'il ne lui restait plus assez d'argent pour prendre la poste : il n'eut donc rien de mieux à faire que de se rendre du côté de Bouroughbridge, sur la grande route d'Écosse, pour y prendre une place dans la diligence du Nord, énorme et antique machine tirée par trois chevaux, et qui, *avec l'aide de Dieu*, comme le disait l'affiche, faisait le voyage d'Édimbourg à Londres en trois semaines. Notre héros fit donc ses adieux à ses amis du Cumberland, se promettant de récompenser un jour leurs services par des preuves d'une véritable reconnaissance. Après quelques petites difficultés et d'ennuyeux retards, et après s'être procuré un costume plus conforme à son rang, quoique très-simple, il réussit à traverser le pays, et se trouva dans la voiture désirée vis-à-vis de mistress Nosebag, épouse du lieutenant Nosebag, capitaine-adjudant du 13ᵉ régiment de dragons, femme enjouée, d'environ cinquante ans, en robe bleue bordée de rouge, et tenant à la main un fouet à manche d'argent.

Cette dame était un de ces membres actifs de la société qui se chargent toujours volontiers de *faire les frais de la conversation*. Elle revenait d'Écosse, et elle apprit à Waverley comment son régiment aurait taillé en pièces les *porte-jupons*, à Falkirk (1), sans un vilain ma-

(1) Le général Hawley avait remplacé sir John Cope en Écosse. Ce nouveau général n'était pas sans talens, mais il avait encore plus de jactance : il ne parlait que de potences pour y attacher les Highlanders rebelles. Il crut trouver dans la plaine de Falkirk l'occasion favorable pour anéantir le parti de Charles-Édouard ;

rais qu'on rencontre toujours dans cette Écosse, et qui fut fatal aux pauvres soldats de son cher Nosebag dans cette déplaisante affaire (1). — Avez-vous servi dans les dragons? dit-elle brusquement à Édouard. — Celui-ci se trouva tellement pris à l'improviste par cette demande, qu'il ne put s'empêcher de répondre affirmativement.

— Oh! j'ai bien vu à votre tournure, reprit mistress Nosebag, que vous étiez militaire; et je suis bien assurée que vous n'êtes pas de ces pieds poudreux de fantassins, comme les appelle mon Nosebag. Quel est votre régiment, je vous prie? — C'était une charmante question. Waverley heureusement conclut avec raison que la bonne dame savait par cœur tous les régimens de l'army-list (1). Il crut qu'il serait moins facilement découvert en disant la vérité. — Il répondit donc: — Mon régiment était celui de G\*\*\*; mais je l'ai quitté il y a quelque temps.

— Ah! oui, ce régiment qui courut si vite à la bataille de Preston? Y étiez-vous, monsieur?

— Madame, j'ai eu le malheur d'être témoin de cette affaire.

mais ce fut celui-ci qui le surprit et le mit en déroute. La valeur impétueuse des Highlanders abrégea le combat, comme à Prestonpans. L'artillerie, les drapeaux, les munitions, etc., de Hawley, demeurèrent au pouvoir des vainqueurs. Le général anglais se retira à Linlithgow, et de là à Edimbourg, après avoir mis le feu à son camp. On dit que cette affaire réjouit le général Cope; ce fut du moins sa justification. Les jacobites furent aussi généreux après la victoire qu'ils avaient été braves dans l'action. La vengeance des Anglais n'en devait pas être moins cruelle. La bataille de Falkirk eut lieu le 17 janvier 1746. — Éd.

(1) Le catalogue de l'armée, l'annuaire militaire. — Éd.

—C'est un malheur dont peu de soldats de G*** peuvent rendre compte... Ah! ah! ah! je vous demande pardon, monsieur; mais vous savez qu'il est permis à la femme d'un militaire d'aimer un bon mot!

— Que le diable te confonde! se dit Waverley; quel mauvais génie est venu me placer auprès de cette vieille curieuse?

Heureusement la bonne dame passait vite d'un sujet à un autre. — Nous arriverons bientôt à Ferrybridge, dit-elle; nous y trouverons un détachement de nos dragons, chargés de prêter main-forte aux bédeaux, constables et juges de paix, pour examiner les papiers et arrêter les rebelles.

A peine fut-elle installée dans l'auberge, qu'elle se mit à la croisée, et cria de toutes ses forces:—Ah! voilà le brigadier Bridoon, qui vient avec le constable..... Il est doux comme un agneau ce pauvre Bridoon; il est beau garçon : venez le voir, monsieur A.. A.. A.. Quel est votre nom, monsieur, je vous prie?

— Butler, répondit Waverley résolu de prendre le nom d'un camarade plutôt que de risquer d'être découvert en inventant un nom inconnu au régiment.

—Ah! oui, vous avez été fait capitaine lorsque ce misérable Waverley passa du côté des rebelles. Je voudrais bien que le vieux capitaine Crump en fît de même, afin que mon pauvre Nosebag pût avancer en grade..... Eh bien! mais pourquoi Bridoon n'arrive-t-il pas; qui peut le retenir? Je parierais qu'il est déjà dans les brouillards, comme dit mon Nosebag. Suivez-moi, monsieur; nous appartenons à l'armée, nous allons demander à ce coquin si c'est ainsi qu'on doit faire son devoir.

L'embarras de Waverley est plus facile à concevoir qu'à décrire. Il se vit forcé de suivre l'intrépide amazone. Le brave brigadier, haut de six pieds, aux épaules larges, au nez balafré, et aux jambes grêles, était ivre en vrai brigadier de dragons. Mistress Nosebag ouvrit la conversation, sinon par un jurement, du moins par quelques mots qui y ressemblaient beaucoup, en lui ordonnant de faire son devoir.

— Au diable cette..... Bridoon leva les yeux pour donner plus de force à l'épithète qu'il allait ajouter..... Il reconnut mistress Nosebag, et s'empressa de faire la salamalec militaire. — Que le ciel bénisse votre aimable figure, dit-il; madame Nosebag, est-ce vous? Ah! s'il m'arrivait d'avoir bu dès le matin un petit coup de trop, vous n'êtes pas dans le cas de me faire de la peine. Je connais votre cœur.

— C'est bon, c'est bon; fais ton devoir, coquin. Ce gentleman est de l'armée comme moi..... Mais examine bien ce coq peureux en chapeau rabattu, au fond de la voiture; je suis persuadé que c'est un rebelle déguisé.

— Au diable cette vieille ivrogne! dit le brigadier lorsqu'il fut assuré de n'être pas entendu: cette milady l'adjudant, comme on l'appelle, avec ses petits yeux bordés d'écarlate, est plus à craindre pour le régiment que le colonel, que tous nos officiers et que le grand-prévôt lui-même. Oh! monsieur le constable, ajouta-t-il en bégayant, allons visiter la diligence; voyons si le coq peureux, comme elle l'appelle, serait assez bon enfant pour être le parrain d'une soupe à l'eau-de-vie; car votre bière du Yorkshire est trop froide pour mon estomac. Le prétendu rebelle était un quaker qui s'était permis de contrarier l'opinion de mistress Nosebag sur le droit de faire la guerre.

La pétulance de mistress Nosebag jeta notre voyageur dans plusieurs embarras semblables à celui dont il venait de sortir, grace à elle il est vrai. Dans toutes les villes où la diligence s'arrêtait, il était obligé de l'accompagner pour visiter les corps-de-garde. Un jour elle faillit le présenter à un sous-officier chargé de recruter pour le régiment. Elle n'oubliait jamais de dire à tout propos les mots capitaine et Butler, politesse dont Waverley se serait bien passé. Il n'éprouva jamais de plaisir plus vif que lorsque l'arrivée de la diligence à Londres le débarrassa des attentions de mistress Nosebag.

# CHAPITRE LXII.

Que faire maintenant?

Il était nuit lorsque la diligence arriva à Londres. Waverley fit ses adieux à ses compagnons de voyage, et s'éloigna d'eux promptement, ayant soin de changer souvent de rue, de peur d'en être suivi. Enfin, il prit une voiture de place pour se rendre à l'hôtel du colonel Talbot, dans un des principaux squares à l'ouest de la ville. Depuis qu'il était marié, le colonel avait hérité d'une fortune qui lui donnait une certaine importance politique, et il vivait dans ce qu'on appelle à Londres *le grand style*. Ce ne fut pas sans peine qu'Édouard parvint à se faire introduire. Le colonel était à table avec son épouse, dont la charmante figure conservait un reste de pâleur.

Le colonel n'eut pas plus tôt entendu la voix de Waverley, qu'il se leva et courut l'embrasser. — Comment vous portez-vous, mon cher Stanley? lui dit-il; soyez le bienvenu, mon cher enfant. — Ma chère Emilie, voilà le jeune Stanley.

Lady Émilie tressaillit en faisant son compliment de réception; l'altération de sa voix et le tremblement de sa main annonçaient la vive émotion qu'elle venait d'éprouver. Waverley se mit à table, et le colonel continua sa conversation. — Je ne m'attendais pas à vous voir ici, mon cher Frank; les médecins m'ont assuré que l'air de Londres était tout-à-fait contraire à votre maladie; c'est une imprudence, mon ami. Je suis enchanté, ainsi qu'Émilie, d'avoir votre visite, quoique nous ne puissions espérer qu'elle sera de longue durée.

— Des affaires pressantes, répondit Waverley, m'ont fait entreprendre ce voyage.

— Je le présume; mais, pour le bien de votre santé, je vous conseille de les terminer le plus tôt possible. Spontoon! dit-il à un domestique dont l'attitude et la démarche annonçaient un ancien militaire, Spontoon, vous viendrez vous-même si je sonne; ne laissez entrer aucun autre domestique, mon neveu et moi nous avons à parler d'affaires.

— Au nom de Dieu, cher Waverley, dit-il lorsque les domestiques furent tous sortis, apprenez-moi quelle affaire a pu vous décider à venir à Londres; elle est donc de nature à vous faire mépriser la vie?

— Cher M. Waverley, dit Émilie, vous à qui je ne pourrai jamais prouver ma juste reconnaissance, comment avez-vous pu commettre une telle imprudence?

— Mon père.... mon oncle.... lisez ce paragraphe. Il montra le journal au colonel Talbot.

— Je voudrais, dit Talbot après l'avoir parcouru, que tous ces coquins fussent condamnés à être écrasés sous leurs presses ! On m'assure qu'il y a dans ce moment à Londres plus d'une douzaine de ces gazettes : faut-il être surpris si elles fabriquent des mensonges pour avoir du débit (1). Il n'est cependant que trop vrai, mon cher Édouard, que vous avez perdu votre père. Quant à la cause de sa mort, elle ne provient ni de l'inquiétude, ni du chagrin dont les poursuites dirigées contre les membres de sa famille auraient déchiré son cœur. Je dois vous dire la vérité pour vous délivrer du poids qui vous accable et vous réconcilier avec vous-même. M. Richard Waverley s'est montré dans toute cette affaire très-peu sensible pour vous et pour votre oncle. La dernière fois que j'eus l'honneur de le voir, il me dit d'un air joyeux que, puisque j'avais la complaisance de me charger de vos intérêts, il croyait qu'il valait beaucoup mieux qu'il travaillât pour lui-même, et qu'il employât le crédit de tous ses amis pour faire sa paix avec le gouvernement.

— Mais mon oncle, mon cher oncle !

— Il n'a pas la moindre chose à craindre. Il est vrai qu'à l'époque où cet article a été inséré dans le journal, il circulait quelques bruits ;.... mais ils étaient sans fon-

(1) Cette petite sortie contre les journaux est très-naturelle dans la bouche d'un militaire. L'auteur d'ailleurs a quelque droit d'en parler malicieusement, ayant écrit lui-même dans les feuilles publiques. Mais il n'est question ici que de ces *insulteurs* quotidiens dont le vil métier a été malheureusement importé parmi nous. — Éd.

dement. Sir Everard est parti pour Waverley-Honour, sans autre inquiétude que celle que vous lui donnez..... Mais vous êtes en danger, vous-même, votre nom se trouve sur toutes les listes de coupables; des mandats d'amener ont été lancés contre vous. Depuis quand êtes-vous ici? Comment êtes-vous venu?

Édouard lui rendit un compte exact de tout ce qui lui était arrivé, excepté de sa querelle avec Fergus: aimant lui-même les Highlanders, il craignait d'augmenter l'antipathie nationale que le colonel nourrissait contre eux.

— Êtes-vous bien assuré que vous avez vu dans les bruyères de Clifton le cadavre du page de votre ami Glen.....?

— Je n'en puis douter.

— C'est un vol que ce petit démon a fait à la potence: il devait être pendu, c'était écrit sur son front. Quant à vous, Édouard, je voudrais que vous retournassiez dans le Cumberland, et plût à Dieu que vous ne l'eussiez pas quitté! On a mis l'embargo dans tous les ports; les recherches qu'on fait des partisans du Prétendant se poursuivent avec la plus grande sévérité. Cette maudite femme bavardera tant, qu'on finira par découvrir que son compagnon de voyage avait pris le nom de Butler.

— La connaissez-vous, colonel?

— Son mari a servi sous moi pendant six ans en qualité de brigadier chef. Elle était une joyeuse veuve avec un peu d'argent. — Nosebag l'épousa, — fit bien son devoir, et parvint comme bon instructeur. — Je vais charger Spontoon de découvrir sa demeure; il la trouvera sans doute chez d'anciennes connaissances du régiment. Demain vous garderez la chambre sous prétexte d'indisposition; vous prendrez le nom d'un de mes parens qui n'est connu d'aucun de mes domestiques, si ce n'est de Spontoon; mais vous n'avez rien à craindre de lui... Préparez-vous à vous plaindre d'un violent mal de tête; et vous, ma chère Émilie, donnez des ordres pour qu'on prépare un lit pour Frank Stanley, et qu'on ait pour lui toutes les attentions que son état de convalescence exige.

Le lendemain le colonel rendit visite à son hôte. — J'ai quelques bonnes nouvelles à vous apprendre, dit-il; vous êtes entièrement justifié de l'accusation d'avoir suscité l'insurrection dans le régiment de G\*\*\*, et d'avoir trahi vos devoirs. J'ai correspondu à ce sujet avec un de vos plus sincères amis, le pasteur Morton. Sa première lettre était adressée à sir Everard, à qui j'évitai la peine de faire la réponse. Il est bon que vous sachiez que votre hôte de la caverne, Donald, a fini par tomber entre les mains des Philistins; il emmenait les bestiaux d'un certain propriétaire appelé Kulban..... Kerlan.....

— Killancureit peut-être?

— Précisément. Il paraît que ce gentilhomme était un grand fermier, qui tenait fortement à ses troupeaux, et que ne comptant pas beaucoup sur son propre courage, il avait demandé qu'on établît un poste militaire pour protéger sa propriété. Donald mit sa tête dans la gueule du lion, comme on dit; sa troupe fut battue, et lui fait prisonnier. Lorsqu'il fut condamné à être exécuté, sa conscience fut assaillie, d'une oreille par un prêtre catholique, et de l'autre par votre ami Morton. Il repoussa le catholique, surtout à cause de la doctrine de l'extrême onction, que cet économe gentilhomme considérait comme un dégât excessif d'huile. (1) La tâche de le tirer d'un état d'impénitence finale resta donc à M. Morton, qui, j'ose dire, s'en acquitta à merveille, quoique je suppose que Donald ne fit qu'un étrange chrétien après tout. Cependant il déclara devant un magistrat (un major de Melville, je crois), qu'il avait trompé Houghton en se servant de votre nom ; que c'était lui qui vous avait tiré des mains de Gilfillan ; que d'après les ordres du Prét....., du Chevalier, il vous avait fait conduire, comme prisonnier, au château de Doune, et que depuis il avait appris qu'on vous avait fait partir de là pour Édimbourg, sous une escorte militaire. Il se contenta d'ajouter qu'il avait été chargé de vous délivrer et de vous protéger, et qu'il en avait été récompensé largement ; mais il ne voulut point nommer la personne qui lui avait donné cette commission, sous prétexte qu'il avait juré secrètement, sur la lame de son dirk, de ne jamais la faire connaître ; et rien au monde, à ce qu'il paraît, n'eût été capable de lui faire violer un semblable serment.

— Et qu'est-il devenu ?

— Il a été pendu avec son lieutenant et quatre de sa bande, au fort Stirling, après que les rebelles en eurent levé le siège. Il eut le privilège d'un gibet plus haut que celui des autres.

(1) Telles sont les plaisanteries de mauvais ton, qu'un auteur grave comme celui de *Waverley* se permet contre une des plus touchantes cérémonies du catholicisme. Les écrivains anglais et écossais sont là-dessus d'une grande intolérance. La discussion certes est permise, mais non la moquerie. Le respect pour le culte de nos ancêtres devrait au moins faire partie de ce respect pour les tombeaux qui a inspiré de si belles pages à sir Walter Scott.—*Éd.*

— Je n'ai pas de grands motifs de le regretter, ni de me réjouir de sa mort ; cependant il m'a fait beaucoup de bien et beaucoup de mal.

— Sa déclaration peut vous être très-utile, puisqu'elle vous décharge de ces accusations qui vous plaçaient dans une catégorie bien différente de celle de ces malheureux gentilshommes qui ont pris les armes contre le gouvernement. Leur trahison (je dois l'appeler ainsi, quoique vous ayez participé à leur faute) provient d'une erreur de vertu, et ne peut être regardée comme déshonorante, quoique criminelle. Lorsque les coupables sont en grand nombre, la clémence doit s'étendre sur la plupart d'entre eux. Tout me porte à croire que j'obtiendrai votre pardon, pourvu que vous ne tombiez pas dans les griffes des tribunaux avant qu'ils aient choisi leurs victimes : vous connaissez le proverbe vulgaire : — premier venu, premier servi. — D'ailleurs le gouvernement a besoin d'intimider les jacobites qui sont encore en Angleterre. Cette mesure de rigueur ne peut être de longue durée ; mais, dans ce moment, vous auriez tout à craindre : mettez-vous à couvert jusqu'à ce que l'orage soit passé.

Spontoon entra, l'air soucieux. Par le moyen de ses connaissances du régiment, il avait trouvé *Madame* Nosebag. Elle était, dit-il, furieuse, ayant découvert qu'un imposteur avait voyagé avec elle sous le nom du capitaine Butler du régiment de dragons de G***. Elle allait le dénoncer, afin qu'on le poursuivît comme un émissaire du Prétendant. Mais Spontoon (vieux soldat), tout en feignant de l'approuver, l'avait engagée à différer sa déclaration.

Cependant il n'y avait pas de temps à perdre ; les renseignemens fournis par cette bonne dame pouvaient fort bien amener à découvrir que le prétendu Butler n'était autre que Waverley : ce qui serait certainement dangereux pour Édouard, peut-être pour son oncle, et même pour le colonel Talbot. Il ne s'agissait plus que de savoir où se réfugier.

— En Écosse, dit Édouard.

— En Écosse! s'écria le colonel. Dans quel dessein, je vous prie? J'ose espérer que ce n'est pas pour vous unir une seconde fois aux rebelles.

— Non, colonel ; je regarde mes engagemens comme terminés, puisque tous mes efforts pour les rejoindre ont été vains; d'ailleurs, dans la campagne d'hiver qu'ils se proposent de faire dans les montagnes, je leur serais plutôt à charge qu'utile. Il me semble qu'ils n'ont le projet de traîner la guerre en longueur que pour fournir au Prince l'occasion de s'échapper : ensuite ils tâcheront d'entrer en arrangement pour eux-mêmes. Ma personne ne ferait que les embarrasser, car on m'a dit que ce n'est que d'après ce motif qu'ils ont laissé en garnison à Carlisle tous les Anglais qui se trouvaient dans leur armée. Il y a plus, colonel : quelque mauvaise opinion que vous puissiez concevoir de l'aveu que je vais vous faire, je dois vous dire que je suis dégoûté du métier de la guerre; comme dit le lieutenant original d'une comédie de Fletcher (1) : — je suis las de toutes ces batailles. —

— Batailles! Eh! qu'avez-vous vu? Quelques escarmouches! Que diriez-vous donc si vous eussiez fait la guerre sur une plus grande échelle, et que vous eus-

(1) Auteur contemporain de Shakspeare, et qui a écrit la plupart de ses pièces de moitié avec Beaumont. — Éd.

siez vu soixante ou cent mille combattans de part et d'autre?

— Je n'ai pas cette curiosité, colonel; repas suffisant, comme dit notre proverbe populaire, vaut un grand festin. — « Les soldats avec leurs panaches et la guerre glorieuse (1) » — m'enchantaient dans la poésie; mais les marches de nuit, les veilles, les bivouacs sous un ciel d'hiver, et les autres accessoires du noble métier, ne sont nullement de mon goût dans la pratique. — Quant aux coups, j'en eus ma part à Clifton, où j'échappai dix fois par miracle, et je croyais aussi que vous..... Il s'arrêta.

— Que j'en ai eu assez à Preston, alliez-vous dire? répondit le colonel en riant. Que voulez-vous? — « c'est ma vocation, Henry! — (2) »

— Ce n'est pas la mienne : puisque j'ai eu le bonheur de me servir honorablement de mon épée, comme simple volontaire, je renonce à la reprendre.

— Je suis charmé de vous trouver dans de pareils sentimens; mais, dites-moi, je vous prie, qu'espérez-vous faire en Écosse?

— Si d'abord je puis parvenir à me rendre dans quelqu'un des ports de mer qui sont encore au pouvoir du Prince, il ne me sera pas difficile de m'embarquer pour le continent.....

— Fort bien, — et votre second motif?

— A ne vous rien cacher, il y a dans ce moment en Écosse une personne de qui dépend le bonheur de ma vie; sa position m'inquiète au dernier point...

(1) Expressions de Shakspeare dans *Othello*. — Éd.
(2) Le colonel cite ici une phrase de Shakspeare dans *Henry IV*.
Éd.

— Émilie ne s'est pas trompée ; l'amour est de la partie : et quelle est celle de ces deux jolies Écossaises que vous vouliez à toute force me faire admirer, qui est la belle préférée ? J'ose espérer que ce n'est pas miss Glen..... ?

— Non.

— Ah ! passe pour l'autre : on peut instruire la simplicité, mais jamais la morgue ni l'orgueil. Je puis vous dire en confidence que votre projet obtiendra l'approbation de votre oncle ; j'ai eu occasion de lui en parler en plaisantant : seulement j'espère que cet intolérable beau-père, avec ses brogues, son tabac, son latin et ses interminables histoires sur le duc de Berwick, sera obligé d'aller habiter un pays étranger. Quant à sa fille..... Il vous serait facile de faire un très-bon mariage en Angleterre ; mais, si vous aimez réellement *cette rose d'Écosse*, comme votre oncle a la plus haute opinion du baron de Bradwardine et de sa fille, et qu'il désire ardemment vous voir marié, soit pour votre propre bonheur, soit pour être assuré que les trois hermines passant ne périront pas, je vous conseille de suivre l'inclination de votre cœur. Au reste, je vous ferai connaître d'une manière plus détaillée les véritables sentimens de votre oncle à cet égard ; je ne tarderai pas à vous rejoindre en Écosse.

— En vérité ! Et quel motif auriez-vous de retourner en Écosse ? Ce n'est pas, je le crains bien, le tendre regret que vous inspire le pays des montagnes et des torrens ?

— Non, sur mon honneur. Grace au ciel, la santé de ma chère Émilie est entièrement rétablie ; et, pour dire la vérité, j'espère terminer heureusement l'affaire que j'ai commencée, pourvu que je puisse avoir une entrevue avec Son Altesse Royale le général en chef; car, comme dit Fluellen (1), — « Le duc m'aime, et je remercie le ciel de m'avoir fait mériter son affection. » — Je vais sortir pour m'occuper des préparatifs de votre départ : pendant mon absence, qui ne sera que de quelques heures, vous aurez la liberté d'aller jusque dans la pièce voisine; vous y trouverez mon Émilie; et vous pouvez passer le temps à causer, à lire, à faire de la musique : j'ai pris des mesures pour qu'aucun domestique ne vienne vous interrompre, j'en excepte Spontoon; il est fidèle comme l'acier.

Le colonel revint au bout de deux heures, et trouva son jeune ami auprès de son épouse, charmée des manières, de la sensibilité et de l'instruction d'Édouard; et lui, de se trouver enfin dans la société de personnes de son rang, après en avoir été privé si long-temps.

— Maintenant, Édouard, lui dit le colonel, écoutez mes arrangemens : vous n'avez guère de temps à perdre. Édouard Waverley, autrefois Williams, autrefois Butler, doit continuer à porter le nom de Francis Stanley, mon neveu : il partira demain de bonne heure; la voiture le mènera jusqu'au troisième relai. Il y trouvera Spontoon avec une chaise de poste qui le conduira promptement à Huntingdon; la présence de Spontoon, que tout le monde sur la route connaît pour être à mon service, éloignera tous les soupçons. A Huntingdon, vous trouverez le véritable Francis Stanley, étudiant à l'université de Cambridge. Dans l'incertitude

(1) Capitaine gallois, plaisant à force de naïveté, brave d'ailleurs comme son épée; un de ces caractères originaux que Shakspeare a groupés autour de son héros favori Henry V. — ÉD.

où j'étais si la santé de mon Émilie me permettrait de me rendre en Écosse, j'avais obtenu un passe-port pour mon neveu, qui m'aurait remplacé ; et, comme son voyage n'avait d'autre but que de courir après vous, il est maintenant tout-à-fait inutile. Stanley est au courant de votre histoire : vous dînerez ensemble, et peut-être trouverez-vous dans vos deux têtes prudentes quelque nouveau plan pour diminuer les dangers de votre voyage. Maintenant, ajouta-t-il en ouvrant un portefeuille de maroquin, il faut vous mettre en fonds pour la campagne.

— Mon cher colonel, je suis confus.....

— Oh! dans tous les temps vous pourrez disposer de ma bourse ; mais cet argent que je vais vous remettre vous appartient : votre père, dans la crainte d'un malheur, m'a remis en fidéi-commis une somme de 15,000 livres sterling ; vous avez de plus la propriété de Brere-Wood. Voilà des billets de banque pour 200 livres. Lorsque vous aurez besoin d'une somme plus forte, vous n'aurez qu'à m'en donner avis.

Le premier usage que fit Édouard de cette augmentation de fortune fut d'envoyer une grande tasse en argent à l'honnête fermier Jopson. Veuillez, lui écrivit-il, recevoir ce cadeau comme un souvenir de la part de votre ami Williams, qui n'oubliera jamais la nuit du 18 décembre dernier. Il le priait en même temps de lui conserver soigneusement ses habillemens de montagnard, et surtout ses armes, auxquelles il tenait beaucoup, comme étant curieuses par elles-mêmes, et auxquelles l'amitié de ceux qui les lui avaient données ajoutait une grande valeur. Lady Émilie se chargea du soin de faire à mistress Williams un cadeau qui pût être de son goût et flatter son amour-propre. De plus, le colonel, qui était aussi un peu agriculteur, promit d'envoyer au patriarche d'Ulswater un bel attelage de charrue.

Waverley passa un jour de bonheur à Londres ; et le lendemain, voyageant de la manière convenue, il trouva Francis Stanley à Huntingdon. La connaissance fut bientôt faite entre les deux jeunes gens.

— Je n'ai pas de peine à deviner l'énigme de mon oncle, dit Stanley : ce prudent vétéran ne se souciait pas de me dire lui-même que mon passe-port m'étant inutile, je pouvais vous le passer ; et que, s'il arrivait quelque mésaventure, cela ne tirerait pas à conséquence : ce serait le tour d'un jeune fou de Cantabre (1). Vous voilà donc Francis Stanley par ce passe-port.

Le passe-port fut utile à Waverley, qui s'en servit sans scrupule, ayant renoncé à toute opposition contre le gouvernement au nom duquel il était délivré. La journée se passa très-gaiement : le jeune étudiant fit mille questions à Waverley pour connaître les détails de sa campagne, les mœurs et les usages des Highlands. Le lendemain, Stanley accompagna son ami pendant quelques milles ; mais il fut obligé de le quitter, parce que Spontoon, rigide observateur de la discipline et de l'obéissance, ne cessait de lui représenter qu'il ne se conformait pas aux intentions de son oncle.

(1) C'est-à-dire d'un étudiant de Cambridge. On croit que l'empereur Probus transporta d'Espagne à Cambridge une colonie de *Cantabres*, race vandale ou gothique. Il ne faut pas douter, dit Byron, qui avait peu d'affection pour son université, que Cambridge n'ait été fondé par les Vandales ; on les retrouve encore dans leurs descendans. C'était une plaisanterie du noble lord ; mais l'étymologie restera. — ÉD.

# CHAPITRE LXIII.

Les ravages de la guerre civile.

Notre héros voyagea en poste à franc étrier, suivant l'usage de ce temps-là, sans autres aventures que deux ou trois questions sur son nom. Il s'en tira, grace au talisman de son passe-port. Arrivé aux frontières d'Écosse, il apprit la victoire décisive de Culloden (1), remportée par les troupes anglaises. Il s'y attendait depuis long-temps, quoique l'affaire de Falkirk eût jeté un

(1) Ce fut le 16 avril 1746 que se termina à Culloden, dans le comté d'Iverness, la romanesque expédition du dernier des Stuarts. Quatre compagnies françaises protégèrent de leur valeur les Highlanders, atteints pour la première fois d'une terreur panique. Mais les supplices attendaient encore les vaincus après la défaite. — Éd.

dernier éclat sur les armes du Chevalier; cependant cette nouvelle l'affligea vivement, et il en fut long-temps comme inconsolable.

— Ce prince si généreux, si aimable, si magnanime, est donc fugitif; sa tête est mise à prix; et ses amis, si braves, si enthousiastes, si fidèles, sont morts, emprisonnés ou bannis! Que fait maintenant l'enthousiaste et brave Fergus, si toutefois il a survécu à la nuit de Clifton?..... Que fait l'honnête, le sensible, le vertueux baron de Bradwardine, dont les ridicules ne servaient qu'à mieux faire ressortir son désintéressement, son véritable courage, la candeur de son ame, la bonté de son cœur? Dans quelle position affreuse se trouvent Rose et Flora, privées aussi de leurs protecteurs naturels? — Waverley pensait à Flora avec les sentimens qu'un frère a pour sa sœur; mais à Rose avec des sentimens plus vifs et plus tendres. Du moins il pourrait, se disait-il, protéger ces deux orphelines et remplacer les appuis qu'elles avaient perdus.

Agité de ces pensées, il hâta davantage encore son voyage. A peine fut-il arrivé à Édimbourg, qu'il comprit tout l'embarras de sa situation. Plusieurs habitans de cette ville l'avaient vu et connu sous le nom d'Édouard Waverley: comment pourrait-il se servir d'un passe-port sous le nom de Francis Stanley? Il sentit que la prudence lui faisait un devoir d'éviter la société, et de partir pour le nord de l'Écosse le plus tôt possible. Il fut cependant obligé de différer son départ de deux ou trois jours, parce qu'il attendait une lettre du colonel Talbot; il devait aussi laisser son adresse sous son nouveau nom, dans un endroit dont ils étaient convenus. Il sortit sur le soir, pour exécuter ce dernier projet, ayant soin d'éviter tous les regards ; ses précautions furent inutiles. La première personne qu'il rencontra fut mistress Flockhart : il en fut reconnu à l'instant.

— Ah ! Dieu vous soit en aide, M. Waverley ! est-ce vous? s'écria-t-elle : allez, vous n'avez rien à craindre de moi ; je suis incapable de vous trahir. Il y a eu bien du changement ! Comme vous étiez gais, le colonel Mac-Ivor et vous, dans notre maison ! — La bonne veuve ne put s'empêcher de répandre quelques larmes.

Il n'était guère possible de se cacher de mistress Flockhart. Waverley la reconnut de bonne grace, et lui avoua tout le danger de sa situation.

— Voilà qu'il fait nuit, lui dit son ancienne hôtesse : vous allez venir prendre une tasse de thé avec moi... Si vous vouliez coucher dans la petite chambre, je veillerais à ce qu'on ne vînt point vous interrompre. Personne ne vous connaîtra, parce que Kate et Matty (1), mes deux péronnelles, ont suivi deux dragons du régiment d'Hawley ; je les ai remplacées par deux nouvelles servantes.

Waverley s'empressa d'accepter son invitation, et retint son logement pour une nuit ou deux, persuadé qu'il serait plus en sûreté dans la maison de cette brave femme que partout ailleurs. En entrant dans le parloir il sentit palpiter son cœur à l'aspect de la toque de Fergus accrochée près de la glace, et encore ornée de la cocarde blanche. Mistress Flockhart remarqua la direction de ses yeux. — Hélas ! dit-elle en soupirant, le pauvre colonel en acheta une neuve la veille de son départ. Je ne veux pas laisser gâter celle-ci ; je la brosse

(1) Abréviations familières, Catherine et Marthe. — Éd.

moi-même tous les matins ; et, quand je la regarde, il me semble que j'entends le colonel demandant sa toque à Callum ;... je tâche d'imiter sa voix, et j'appelle aussi Callum!...C'est une folie ; toutes les voisines m'appellent jacobite ; mais elles diront tout ce qu'elles voudront...., je ne sais si je le suis ou non ; le colonel avait un si bon cœur!... Il était si beau!... Oh! savez-vous, M. Waverlez, quand il doit souffrir ?

— Souffrir, dites-vous ? où est-il ?

— Eh! pour l'amour de Dieu! vous ne le savez pas ? Vous vous souvenez bien de Dugald, qui portait toujours une hache d'armes sur l'épaule ; il vint ici, je puis dire, pour demander quelque chose à manger. Eh bien! il nous dit que le chef, comme il l'appelle (moi, je dis toujours le colonel), et l'enseigne Mac-Combich, que vous connaissez bien, avaient été pris quelque part sur les frontières d'Angleterre, dans une nuit très-obscure, et que Callum Beg (c'était un petit vaurien celui-là) avait été tué, et vous aussi, ainsi que plusieurs autres braves du clan. Ah! comme il pleurait en parlant du colonel! On dit maintenant que le colonel doit être mis en jugement avec les officiers faits prisonniers à Carlisle.

— Et sa sœur ?

— Ah! celle qu'on appelait lady Flora ? Elle est dans les environs de Carlisle, chez quelque grande dame papiste de ses amies, pour être près de son frère.

— Et l'autre jeune dame ? demanda encore Édouard.

— Quelle autre ? je ne connaissais qu'une sœur au colonel.

— Je veux parler de miss Bradwardine.

—Ah oui ! la fille du laird ? Pauvre enfant ! elle

était aussi une bonne fille; mais plus timide que lady Flora.

— Pour l'amour du ciel! où est-elle?

— Et qui peut le savoir? On les poursuit tous de si près pour leurs cocardes et leurs roses blanches;... mais elle retourna chez son père, dans le Perthshire, lorsqu'elle sut que les soldats du gouvernement s'approchaient. — Oh! il y avait de gentils garçons parmi eux. Je fus obligée de loger un major qu'on appelle Whacker : il était bien honnête et bien aimable; mais, M. Waverley, il s'en faut de beaucoup qu'il valût le pauvre colonel.

— Savez-vous ce qu'est devenu le père de miss Bradwardine?

— Le vieux laird? personne ne le sait: on dit qu'il s'est battu en diable dans l'affaire sanglante à Inverness (1). Deacon Clank, le ferblantier, prétend que les gens du gouvernement sont furieux contre lui, parce qu'il est *sorti* (2) deux fois..., et certes il aurait dû y prendre garde :..... mais il n'y a pas de fou pire qu'un vieux fou... Le pauvre colonel n'est sorti qu'une fois.

Cette conversation disait tout ce que la bonne veuve savait du sort de ses derniers hôtes. Mais c'en était assez pour déterminer Édouard à partir à tout hasard pour Tully-Veolan, dans l'espoir de s'y procurer des informations plus certaines sur le sort du baron et de sa fille. Il laissa une lettre, signée du nom de Stanley, pour le colonel Talbot, à l'endroit convenu, et donna son

(1) La plaine de Culloden n'est pas loin d'Inverness. — Éd.

(2) *Out, to go out*, sortir, aller dehors. C'était l'expression délicate dont on se servait en Écosse pour dire qu'on avait pris les armes en 1715 et en 1745. — Éd.

adresse à la poste la plus voisine du château de Bradwardine.

Il prit des chevaux de poste jusqu'à Perth, dans l'intention de faire le reste du voyage à pied, non-seulement par goût, mais pour avoir la facilité de quitter la grande route lorsqu'il apercevrait quelques détachemens de soldats. La campagne qu'il venait de faire l'avait habitué à la fatigue : il envoyait son bagage devant lui quand il en trouvait l'occasion. Plus il s'avançait vers le nord, plus les traces de la guerre devenaient sensibles : il rencontrait à chaque pas des chariots brisés, des cadavres de chevaux, des arbres abattus, des ponts rompus ou réparés à demi, des fermes dévastées : tout annonçait le passage d'une armée ennemie. Dans les endroits où les propriétaires étaient attachés à la cause des Stuarts, les maisons étaient démolies ou désertes; tous les travaux qu'on pourrait appeler culture d'ornement étaient interrompus; les malheureux habitans erraient dans la campagne, tremblans, tristes et consternés (1).

Il n'arriva que vers le soir dans les environs de Tully-Veolan. Combien ses sentimens différaient de ceux qu'il avait éprouvés la première fois qu'il y fit son entrée! Il était alors si novice dans la carrière de la vie, qu'un jour de mauvais temps ou d'ennui était un des plus grands malheurs qu'anticipât son imagination ; et il lui semblait alors que son temps ne devait être consacré

(1) Les détails que l'auteur va donner sur les vengeances fatales des Anglais n'ont rien d'exagéré. Le prince Charles-Édouard avait toujours triomphé en chevalier ; le duc de Cumberland, second fils de Georges II, triompha en bourreau. Des familles entières furent brûlées vives dans leurs maisons, et repoussées dans les flammes par les baïonnettes. — Éd.

qu'à des études d'agrément, interrompues par les plaisirs d'une société aimable et gaie. Quels changemens ! Combien son caractère était devenu triste, mais plus élevé, dans l'espace de quelques mois. Le péril et le malheur sont des maîtres sévères qui nous instruisent bien vite. — Plus triste, mais plus sage, — il sentait plus de confiance dans son caractère ; et sa dignité d'homme lui paraissait du moins une compensation des illusions flatteuses que l'expérience avait si promptement dissipées.

Ce ne fut pas sans étonnement qu'il vit qu'un détachement assez nombreux était établi et stationnaire près du village. Il le conjectura d'abord, en apercevant quelques tentes dressées sur la plaine appelée la Bruyère communale. De crainte d'être reconnu, il fit un long circuit, par un sentier qui lui était familier, pour arriver à l'entrée du parc. Quel tableau s'offrit à ses regards ! Un battant de la porte restait seul, inutile et ébranlé sur ses gonds ; l'autre avait été fendu et destiné au feu ; les éclats en étaient amoncelés pour être emportés ; les créneaux étaient mutilés et jetés par terre ; les ours, qui faisaient faction depuis tant de siècles, étaient gisans parmi les décombres. L'avenue n'était pas moins cruellement dévastée : on avait abattu les arbres, dont plusieurs étaient encore couchés en travers du chemin. Les troupeaux des paysans et les chevaux des dragons avaient converti en vase noire la verte pelouse qu'Édouard avait jadis tant admirée.

En entrant dans la cour, Waverley vit réalisées toutes les craintes que lui avaient fait concevoir ces premiers ravages. La maison avait été saccagée, on avait même commencé d'y mettre le feu. Quoique les

murs en pierre de taille eussent résisté en plusieurs
endroits à l'atteinte des flammes, les étables avaient été
entièrement consumées, les tourelles et les pinacles du
corps de logis principal étaient noircis, les pavés de la
cour arrachés ou brisés, les portes détruites ou ne
tenant plus qu'à un seul gond, les fenêtres enfoncées;
partout étaient épars des meubles mis en pièces. Ces
ornemens antiques auxquels le baron attachait tant
d'importance et portait tant de respect, avaient été
l'objet des outrages les plus méprisans. La fontaine
était démolie, l'eau formait une mare dans la cour, et
le bassin servait d'abreuvoir. Tous les ours, grands et
petits, avaient éprouvé le même sort que ceux qui
étaient à l'entrée de l'avenue; enfin on marchait sur les
lambeaux d'un ou deux portraits de famille qui semblaient avoir servi de boucliers grotesques aux soldats.

Édouard contemplait avec un serrement de cœur tous
ces débris. A chaque pas, il sentait redoubler son inquiétude et ses craintes sur le sort du baron et de sa
fille. La terrasse offrit encore à ses yeux un nouveau
spectacle de dévastation. La balustrade était renversée,
les murs détruits, les plates-bandes pleines de mauvaises
herbes, les arbres fruitiers coupés ou déracinés. Dans
un des compartimens de cet antique jardin étaient deux
immenses marronniers dont le baron était particulièrement vain. Afin de ne pas se donner la peine de
les abattre, les agens de la dévastation avaient eu la
méchante industrie de les miner en mettant des paquets
de poudre dans leurs cavités. Un de ces arbres avait été
brisé en morceaux par l'explosion, et les fragmens dispersés encombraient l'enceinte que le feuillage avait si

long-temps ombragée. La seconde mine n'avait pas eu un effet aussi complet. Un quart du tronc s'était détaché de la masse, qui, mutilée et défigurée d'un côté, étendait encore de l'autre ses rameaux intacts et vastes.

Parmi ces traces du ravage général, il y en avait qui s'adressaient plus directement à la sensibilité de Waverley. En regardant la façade du château ainsi dégradé, ses yeux cherchèrent naturellement le petit balcon qui appartenait à l'appartement de Rose — son *troisième* ou plutôt son *cinquième* étage. Il était facile de le reconnaître, car les fleurs et les plantes dont Rose le décorait avec tant d'orgueil et de plaisir avaient été précipitées de la galerie crénelée. Plusieurs de ses livres étaient épars çà et là parmi les fragmens des vases. Dans le nombre, Waverley en reconnut un qui lui avait appartenu; c'était un petit exemplaire de l'Arioste, qu'il recueillit comme un trésor, quoique bien endommagé par le vent et la pluie.

Tandis que, plongé dans les pénibles réflexions qu'un tel spectacle excitait en lui, Édouard cherchait des yeux quelqu'un qui pût lui révéler le sort des malheureux propriétaires de ces ruines, une voix bien connue, qui paraissait en sortir, fit entendre tout à coup ces vers d'une vieille ballade d'Écosse.

>Pendant la nuit je vis venir
>En ces lieux la troupe ennemie,
>Je vis mon chevalier périr!....
>Tous ont fui pour sauver leur vie.
>Pour le pleurer je reste, hélas!
>Il n'est plus! la lune et l'aurore
>Tour à tour reviendront encore;
>Lui seul il ne reviendra pas!

— Hélas! pensa Édouard, est-ce toi, pauvre infortuné? restes-tu pour pleurer ici et faire retentir des fragmens sans suite de tes ballades ces murs dévastés qui t'abritaient jadis?

Il appela Davie, d'abord tout bas, puis en élevant la voix : — Davie! — Davie Gellatley !

Le pauvre *Innocent* sortit du milieu des décombres d'une espèce de serre qui terminait naguère ce qu'on appelait la terrasse. Mais, à l'aspect d'un étranger, il se cacha, saisi de frayeur. Waverley, se rappelant les habitudes de cet infortuné, se mit à siffler un air que Davie avait écouté autrefois avec plaisir, et qu'il avait appris à répéter après l'avoir entendu. Sans doute la musique de notre héros ne ressemblait pas plus à celle de *Blondel* que Davie ne ressemblait à *Richard-Cœur-de-Lion*, mais elle produisit le même effet, et lui facilita les moyens de se faire reconnaître. Davie sortit de sa cachette, paraissant douter encore s'il avancerait ou non. Waverley, qui craignait de l'effrayer, lui fit mille signes d'amitié pour l'enhardir.

— C'est son esprit! dit Davie à demi-voix; mais il s'approcha, et parut enfin retrouver une vieille connaissance. Le pauvre malheureux lui-même n'était plus que l'ombre de ce qu'il avait été. Le costume particulier dont il était revêtu dans des jours plus heureux n'offrait plus que des lambeaux, accoutrement bizarre encore, qu'il avait réparé avec des morceaux de tentures, de rideaux et de toiles de tableaux. Son visage avait perdu son air insouciant et distrait; la pauvre créature avait les yeux creux, les joues maigres, et semblait à demi-mort de faim et malade de misère et de douleur. Après avoir hésité long-temps, il s'approcha de Waverley avec quelque confiance, et l'examina d'un air effrayé et mélancolique.

— Ils sont partis, dit-il ensuite; ils sont partis et morts.

— Qui est-ce qui est mort? lui demanda Waverley, oubliant que le pauvre innocent était hors d'état de lui répondre d'un manière précise.

— Le baron..., le bailli... Saunders Saunderson... et lady Rose, dont la voix était si douce..... partis....., morts..., partis..., morts.

> Venez, venez, suivez-moi,
> Le ver luisant nous éclaire :
> Venez dans le cimetière,
> Venez-y voir, sans effroi,
> Les morts dans leur blanc suaire.
> Les vents soufflent avec bruit :
> L'astre pâle de la nuit
> Brille à travers le nuage ;
> Il faut avoir du courage.
> Venez, venez, suivez-moi,
> Et bannissez tout effroi.

En chantant ces rimes avec une expression bizarre, Davie faisait signe à Waverley de le suivre, se dirigeant à pas rapides vers le côté du ruisseau qui bornait le jardin au levant. Édouard le suivit dans l'espoir de se procurer quelque explication, et frémissant malgré lui du sens des vers qu'il entendait. Le château était désert; il ne pouvait songer à trouver dans les ruines d'autre personne que le pauvre fou pour le guider.

Gellatley parvint bientôt à l'extrémité du jardin : il grimpa sur le vieux mur qui le séparait du bosquet où se trouvait l'antique tour de Tully-Veolan; il sauta dans le lit du ruisseau, et continua sa marche avec la même rapidité, franchissant des fragmens de rocher, et tournant avec peine autour d'autres; ils passèrent sous les ruines du château. Édouard avait peine à suivre Davie, parce que la nuit commençait à tomber. Après avoir descendu un peu plus loin le lit du ruisseau, il aperçut, à travers le taillis, une lumière scintillante qui lui parut un guide plus sûr que l'Innocent. Ils arrivèrent bientôt, par un sentier plus pénible encore, à la porte d'une misérable cabane : des chiens avaient d'abord élevé la voix, mais leurs aboiemens avaient diminué par degrés; Waverley entendit une voix en dedans, et crut qu'il était prudent d'écouter.

— Qui m'amènes-tu là, mauvais fou? dit une vieille femme avez l'accent de la colère. Davie, pour toute réponse, se mit à siffler l'air qui venait de lui faire reconnaître Édouard, et celui-ci n'hésita plus à frapper à la porte. Un profond silence régna alors dans la cabane, excepté que les chiens recommencèrent à gronder; il entendit la maîtresse du logis qui s'approchait de la porte, sans doute dans l'intention de mettre les verrous, plutôt que pour lever le loquet; il s'empressa de la prévenir, et se trouva en face d'une vieille femme couverte de haillons, qui s'écria :

— Que venez-vous chercher chez les gens à l'heure qu'il est? Retirez-vous. Les deux lévriers farouches et presque mourans de faim s'étaient dépouillés de leur férocité, et ils s'approchèrent de notre héros comme s'ils le reconnaissaient. Il aperçut aussi un homme grand et maigre, avec une barbe de trois semaines, en vieil habit d'uniforme, qui semblait ne se cacher qu'à regret, un pistolet à la main, et prêt à en prendre un second à sa ceinture.

C'était le baron de Bradwardine. Nous n'avons pas besoin d'ajouter qu'il s'empressa de laisser tomber son arme, et de serrer cordialement Waverley dans ses bras.

# CHAPITRE LXIV.

Explications mutuelles

L'histoire du baron eût été courte en retranchant les adages et les lieux communs latins, anglais et écossais, dont son érudition l'embellit. Il insista sur le chagrin qu'il avait éprouvé en perdant Édouard et Glennaquoich ; puis recommença en quelque sorte les batailles de Falkirk et de Culloden, et dit comment après cette dernière et désastreuse journée, voyant que tout était perdu, il s'était décidé à retourner dans ses terres, persuadé qu'il serait plus en sûreté au milieu de ses tenanciers que partout ailleurs. On avait envoyé un détachement de soldats pour ravager ses propriétés ; car la clémence n'était pas à l'ordre du jour. Heureusement la cour civile intervint par une décision d'une autre sorte : on jugea que la baronnie ne pouvait être confisquée au profit de la couronne, parce qu'il y avait une substitution ; Malcolm Bradwardine d'Inchgrabbit, héritier privilégié, ne devait pas souffrir d'une faute qui ne lui était pas personnelle, et il fut autorisé, comme maint autre héritier de la même classe, à entrer en possession.

Mais différent de tant d'autres qui étaient dans les mêmes circonstances, le nouveau laird fit bientôt voir que son intention était de profiter de la mauvaise fortune de son prédécesseur dans toute son étendue. C'était d'autant moins généreux, qu'il était généralement connu que le baron s'était abstenu de faire passer la baronnie sur la tête de sa fille, d'après le principe romanesque qui lui faisait respecter les droits de l'héritier mâle du nom de Bradwardine.

— Mais, dit le baron, les communes de Bradwardine ne furent pas pour mon successeur. Les tenanciers ont fait la sourde oreille lorsqu'il leur a demandé de l'argent ; et, quand mon cousin vint au village avec Jacques Howie, le nouvel agent, on se permit même de tirer un coup de fusil derrière lui, sur le crépuscule : j'en soupçonne John Heatherblutter, le vieux garde-chasse qui servait avec moi en 1715. Il en fut si effrayé, qu'on eût pu dire de lui ce que disait Cicéron de Catilina, *Abiit, evasit, erupit, effugit* (1). Il prit la fuite, mon cher ami, pourrait-on dire, jusqu'à Stirling. Et maintenant il a fait mettre la baronnie en vente, en sa qualité de dernier héritier par substitution. Vraiment, si cette vente avait lieu, j'en serais plus affligé que de voir

(1) Il s'en est allé, il s'est évadé, il s'est sauvé, il a fui. — Tr.

la baronnie passer immédiatement de mes mains dans celles d'un autre propriétaire ; ce qui serait arrivé dans quelques années, par le cours naturel des choses : tandis que maintenant mon patrimoine ne sera plus celui de la famille qui aurait dû le posséder *in secula seculorum.* Que la volonté de Dieu soit faite ! *Humana perpessi sumus* (1). Sir John de Bradwardine, — Sir John le Noir, comme on l'appelait, — mon ancêtre et celui des Inchgrabbit, pensait peu qu'un tel homme sortirait de sa race. Cependant mon parent m'a dénoncé à quelques-uns des dignitaires du pays comme un assassin, un chef de coupe-jarrets et de brigands. Les soldats envoyés à Tully-Veolan ont reçu l'ordre de tirer sur moi comme sur une perdrix des montagnes, comme on fit au roi David dans l'Écriture, ou à notre vaillant William Wallace : — non que je veuille me comparer avec l'un ou avec l'autre. — Lorsque vous avez frappé à la porte, j'ai cru qu'on avait découvert la dernière retraite du vieux daim..... Je m'attendais à périr comme un cerf dix cors. — Mais, Jeannette, n'avez-vous pas quelque chose pour nous faire souper ?

— Oh ! que oui, monsieur. Je mettrai sur le gril la grouse que John Heatherblutter a apportée ce matin ; et vous voyez que le pauvre Davie fait rôtir les œufs de la poule noire. — J'ose dire, M. Waverley, que vous ne vous doutiez pas que c'était notre Davie qui tournait les œufs que vous trouviez si bien cuits à souper au château. — Il n'y a personne au monde comme lui pour remuer avec ses doigts les cendres chaudes et faire rôtir les œufs !

(1) Nous avons souffert ce qui est dans le cours des choses humaines. — Tr.

Davie cependant, le nez près que dans le feu, fouillant dans les tourbes, frappant ses talons l'un contre l'autre, marmottant entre ses dents, retournant les œufs, semblait vouloir donner un démenti au proverbe qui dit qu'il faut de la tête pour faire cuire un œuf, jaloux sans doute aussi de justifier les éloges que Jeannette venait de prodiguer

A celui qu'elle aimait, son enfant idiot (1).

— Davie, ajouta Jeannette, n'est pas aussi niais qu'on le croit; il ne vous aurait pas amené ici, M. Waverley, s'il n'avait su que vous étiez un ami de Son Honneur le laird. Les chiens eux-mêmes vous ont reconnu. Tout le monde vous aime ici, les gens et les bêtes..... Avec la permission de Son Honneur, je vais vous raconter une histoire de mon pauvre Davie. Il est bon que vous sachiez que M. le baron est obligé de se cacher.... Ah! quelle honte, grand Dieu!.... Il vient la nuit ici, mais il passe la journée dans la caverne de la sorcière (2). Quoique le fermier de Corse-Cleugh ait eu

(1) Ce vers forme une espèce de refrain de la ballade de Wordsworth (le poète des Lacs), intitulée *The idiot boy* (l'enfant idiot). C'est l'histoire d'un jeune *innocent* de la classe de Davie Gellatley. Wordsworth, dont le système poétique tend à ramener la poésie à son expression la plus simple, choisit souvent pour son héros métaphysique les êtres les plus obscurs et les intelligences les plus pauvres, afin d'analyser plus facilement leurs sensations et leurs idées. Sir Walter Scott n'a pas dédaigné de profiter de quelques indications de l'école des lacs. Voyez à ce sujet la préface de l'*Antiquaire*, et pour plus de détails sur Wordsworth, le *Voyage littéraire en Angleterre et en Écosse*. — Éd.

(2) Voyez le chapitre x sur cette *caverne*, qui était un bois de Tully-Veolan, etc. — Éd.

soin de la garnir de paille, il arrive quelquefois, dans les temps humides, que Son Honneur sent le froid, alors il vient de bonne heure pour se chauffer au foyer et pour dormir dans des draps. Mais il s'en retourne de grand matin. Et comme cela, un matin, ah! comme j'eus peur! Deux mauvais Habits-Rouges étaient occupés à la pêche-noire (1) ou à quelque autre amusement semblable, car leur filet n'est jamais sans mal faire; ils aperçurent Son Honneur au moment où il entrait dans le bois et le couchèrent en joue avec leur fusil. Moi de m'élancer comme un faucon et de m'écrier : — Voulez-vous donc tuer le pauvre innocent d'une brave femme ? et je m'approchai d'eux et leur dis que c'était mon enfant; mais ils me rebutèrent et me crièrent en jurant que c'était le vieux rebelle, comme les coquins appellent Son Honneur. Davie se trouvait dans le bois : il entendit la dispute, et, de son propre mouvement, il prit le vieux manteau gris que Son Honneur avait laissé tomber pour courir plus vite. Il sortit ensuite du taillis avec un air d'importance et imitant si bien Son Honneur, que les soldats y furent attrapés, et crurent avoir tiré sur le fou Sawney (2), comme ils l'appellent; ils me donnèrent douze sous et deux saumons pour que je n'allasse pas me plaindre. Non, non, Davie n'est pas tout-à-fait comme les autres, le pauvre enfant, — mais il n'est pas si fou qu'on le croit. — Il est vrai qu'il ne saurait trop faire pour Son Honneur, puisque nous et

(1) *Black-fishing.* On appelle ainsi la pêche au saumon, qui se fait la nuit avec des torches et des pieux armés de fer. — Éd.

(2) Fou Sawney, le fou écossais. *Sawney* est un des surnoms qu'on donne aux Écossais en général, comme John Bull désigne l'Angleterre, et Jonathas l'Irlande. — Éd.

les nôtres nous avons vécu plus de deux cents ans sur ses terres ; c'est Son Honneur qui fit entrer mon pauvre Jamie au collège, et qui l'entretint de même au château jusqu'à ce qu'il partît pour un meilleur monde (1). C'est lui qui m'empêcha d'être emmenée à Perth comme sorcière. — Dieu pardonne à ceux qui voulaient nuire à une pauvre et faible femme ! et c'est Son Honneur qui a nourri et vêtu Davie pendant si long-temps !

Waverley trouva enfin le moment d'interrompre le discours de la vieille Jeannette, en lui demandant des nouvelles de miss Bradwardine.

— Elle se porte très-bien, grace au ciel ! et elle est à Duchran, dit le baron. Quoique Whig, le laird, qui est mon parent d'assez loin, mais qui l'est plus directement de mon chapelain, M. Rubrick, n'a point oublié notre ancienne amitié dans ces temps malheureux ; il s'est empressé d'offrir un asile à ma fille : que Dieu l'en récompense ! Le bailli fait tous ses efforts pour conserver quelques débris de ce naufrage à ma chère Rose... Hélas ! je crains bien de n'avoir pas le bonheur de la revoir ; car il me faudra aller porter mes os dans quelque pays étranger.

— Oh ! non, non ! Votre Honneur a tort, dit Jeannette ; vous étiez tout aussi mal dans l'an quinze (2), et la bonne baronnie vous est revenue avec le reste. — Mais les œufs sont prêts et la grouse aussi ; voilà pour chacun une assiette et du sel, avec le bout du pain blanc du bailli ; il reste encore de l'eau-de-vie envoyée par la mère Maclearie, ne souperez-vous pas comme des princes ?

(1) Le frère de Davie dont il est parlé dans le chap. XII, t. I. — ÉD.
(2) 1715. — ÉD.

— Je souhaite bien sincèrement que certain Prince de notre connaissance ne soit pas plus mal que nous ! dit le baron à Waverley qui se joignit à lui pour souhaiter que le malheureux Chevalier fût en sûreté.

La conversation roula bientôt sur leurs projets pour l'avenir : le plan du baron était fort simple, c'était de fuir en France, où, par le crédit de ses anciens amis, il espérait obtenir un emploi militaire dont il se croyait encore capable ; il invita Waverley à le suivre, proposition à laquelle celui-ci se rendit, à la condition qu'il attendrait d'abord le résultat des démarches du colonel Talbot. Il pensait tacitement que le baron approuverait son amour pour Rose et lui donnerait le droit de lui faire accepter ses secours dans l'exil ; mais il évita de s'expliquer là-dessus, jusqu'à ce que son propre sort fût décidé. Ils parlèrent ensuite de Glennaquoich, pour qui le baron témoigna la plus grande inquiétude, tout en observant que c'était le véritable Achille d'Horatius Flaccus :

*Impiger, iracundus, inexorabilis, acer.*

Vers, ajouta-t-il, qui a été rendu en écossais par ce distique de Struan Robertson :

*A fiery etter-cap, a fractious chiel,*
*As het as ginger, and as stieve as steel* (1).

Flora eut sa part de l'intérêt exprimé par le bon vieillard.

(1)  Une tête bouillante, un entêté guerrier,
Chaud comme le gingembre et dur comme l'acier.

Nous croyons avoir traduit encore assez littéralement les deux vers du poète *sans culotte*, qui a été moins naïf cette fois que dans son distique sur le philabeg du chapitre XLIII, tom. 2. — Éd.

Cependant la nuit s'avançait ; la vieille Jeannette se nicha dans une espèce de chenil derrière le hallan ou mur extérieur. Davie ronflait déjà entre Ban et Buscar. Ces deux chiens l'avaient suivi à la hutte quand le manoir fut abandonné; leur férocité connue, et la réputation de sorcière qu'avait Jeannette, contribuaient à éloigner les visiteurs. Macwheeble s'était chargé de leur envoyer leur nourriture, en y ajoutant quelques petits objets de luxe pour l'usage de son maître ; le tout avec les précautions nécessaires. Enfin le baron, après quelque cérémonie, occupa son lit habituel, et Waverley se plaça sur un large fauteuil de velours déchiré, provenant du salon de Tully-Veolan, dont les meubles étaient dispersés chez tous les habitans du village. Ils goûtèrent l'un et l'autre un sommeil aussi paisible que s'ils eussent été couchés sur l'édredon.

# CHAPITRE LXV.

Nouvelles explications.

Dès la pointe du jour la vieille Jeannette se mit à balayer sa pauvre chaumière pour réveiller le baron, qui dormait ordinairement d'un sommeil très-profond. — Il faut que je retourne à ma grotte, dit-il à Waverley; voulez-vous venir faire un tour de promenade jusqu'au glen avec moi?

Ils se mirent en marche dans un petit sentier que les pêcheurs ou les bûcherons avaient tracé le long des bords du ruisseau. Dans le chemin, le baron expliqua à Waverley qu'il pourrait séjourner un jour ou deux à Tully-Veolan sans danger, et même se promener aux environs, pourvu qu'il prît la précaution de dire qu'il était un agent qui venait avec l'intention d'acquérir la baronnie au nom de quelque gentilhomme anglais. Il lui recommanda d'aller en conséquence rendre visite au bailli, qui demeurait encore à la maison du facteur appelée le petit Veolan, quoiqu'il dût la quitter au prochain terme. Le petit Veolan était situé à un mille du village. Le passe-port de Francis Stanley répondrait pour Édouard auprès du commandant militaire; quant aux paysans qui pourraient le reconnaître, le baron l'assura qu'il n'avait rien à craindre d'eux.

— Je suis bien persuadé, ajouta ce vieillard, qu'ils soupçonnent que je suis dans ces environs, car je me suis aperçu qu'ils ne permettent plus à leurs enfans de venir ici dénicher les oiseaux. Je n'avais jamais pu l'empêcher lorsque je jouissais de la pleine puissance de mon titre de baron!... Souvent je trouve sur mon passage des provisions déposées à dessein!... Que Dieu bénisse et protège ces braves gens! j'espère qu'ils auront un maître plus sage que moi et tout aussi bon.

Un soupir bien naturel termina cette phrase, mais la résignation ferme et constante que le baron montrait dans son malheur, avait quelque chose de respectable et même de sublime. Il ne s'abandonnait point à des regrets inutiles, et ne se laissait point abattre par la mélancolie. Jamais de plaintes, jamais d'injures contre le parti dominant;... il savait souffrir et se taire.

— Je crois avoir fait mon devoir, disait-il, et sans doute ceux qui me poursuivent croient faire le leur!... Mais je souffre quelquefois en jetant les yeux sur les murs noircis et dégradés de l'habitation de mes pères!... J'aime à croire que les officiers ne peuvent pas toujours arrêter les dévastations des soldats. Gustave-Adolphe lui-même permit quelquefois le pillage, comme nous pouvons le lire dans le récit que fait le colonel Munro de son expédition avec le brave régiment écossais appelé le régiment de Mackay. J'ai vu moi-même des scènes de désolation comme celle de Tully-Veolan, lorsque je servais sous le maréchal duc de Berwick. Certainement nous pouvons dire avec Virgilius Maro : *Fuimus Troes* (1), et c'est la fin d'une ancienne chanson. La durée d'une maison et d'une famille est toujours assez longue lorsque les hommes ont assez combattu pour tomber avec honneur. — J'ai ici une retraite qui pourrait bien être prise pour une *domus ultima*. (2) — Ils venaient d'arriver au pied d'un roc escarpé. Le baron leva les yeux :— Nous autres pauvres jacobites, dit-il, nous sommes maintenant comme les lapins dont parle l'Écriture (que le grand voyageur Pocoke (3) appelle des jerboas (4), une faible race obligée de se cacher au milieu des rochers... Allons, adieu mon cher Édouard, nous nous reverrons ce soir chez la bonne Jeannette ; je vais entrer dans mon *Patmos* (5), ce qui n'est pas très-facile pour mes membres un peu raidis par l'âge.

A ces mots, il se mit à gravir le rocher, s'aidant des genoux et des mains pour parvenir à quelques buissons qui cachaient une grotte dont l'entrée ressemblait à l'ouverture d'un four. Le baron fit d'abord passer sa tête et ses épaules, et ensuite successivement le

(1) Les Troyens ne sont plus. — Tr.
(2) Dernière demeure, tombeau. — Tr.
(3) Cité par M. de Chateaubriand dans l'*Itinéraire*, etc. — Éd.
(4) *Jerboa* ou *gerboise*, animal qui a quelques rapports avec le lapin. — Éd.
(5) Le baron fait ici allusion à la retraite de saint Jean dans l'île de Patmos. — Éd.

reste de ses longs membres, jusqu'à ce que ses jambes et ses pieds disparussent, — semblable au serpent qui se ploie et se roule sur lui-même pour entrer dans son repaire, ou à un long arbre généalogique introduit avec peine par l'étroit boulin d'une antique armoire. Waverley eut la curiosité de visiter cette tanière, comme on aurait pu l'appeler.

Le baron y ressemblait assez à ce qui cause tant de surprise et d'admiration aux enfans (et à de grandes personnes, parmi lesquelles je me compte) : il ressemblait, dis-je, à un *dévidoir dans une bouteille*, qu'on ne peut voir sans chercher aussitôt à deviner comment il y a été introduit ou comment il en sera tiré. La grotte était trop étroite et trop basse pour qu'il pût s'y tenir debout ou même s'y asseoir, quoiqu'il parvînt, après plusieurs essais grotesques, à se mettre dans cette dernière attitude. Son seul amusement était de lire son cher Titus-Livius, et de graver parfois avec son couteau, sur le roc, quelques sentences latines, ou quelque texte de l'Écriture. Comme la caverne était sèche et remplie de paille et de fougère, le baron trouvait que c'était un gîte très-agréable et très-commode pour un vieux soldat.— Il est difficile qu'on me découvre, ajoutait-il en se blotissant avec un air de bien-être qui contrastait singulièrement avec son attitude, — car la bonne Jeannette et son fils sont constamment en faction. Vous ne sauriez croire combien le *pauvre innocent* montre de présence d'esprit, ou, pour mieux dire, d'instinct, lorsqu'il s'agit de ma sûreté.

De retour à la hutte, Édouard eut une explication avec Jeannette : il l'avait reconnue tout d'abord pour la vieille femme qui l'avait soigné pendant sa maladie, après qu'on l'eut arraché des mains de Gifted-Gilfillan. Il avait remarqué que la chaumière, quoique un peu réparée et pourvue de quelques nouveaux meubles, était l'endroit de sa détention; il avait vu aussi, sur la bruyère communale de Tully-Veolan, le tronc d'un vieux arbre appelé le *trysting-tree* (1), qu'il ne douta pas être le même sous lequel les Highlanders s'étaient réunis dans cette nuit mémorable. Il avait déjà repassé la veille toutes ces particularités dans sa mémoire; mais il n'avait pas voulu catéchiser Jeannette devant le baron, pour des raisons que le lecteur probablement devinera.

Sa première question fut de demander quelle était la jeune personne qui lui avait rendu visite pendant sa maladie. Jeannette parut à réfléchir pendant quelques secondes; après quoi, trouvant dans sa conscience qu'elle ne pouvait nuire à personne en révélant ce secret, elle dit à Waverley:—La jeune personne qui vous a rendu visite n'a pas son égale sur la terre; c'est miss Rose de Bradwardine.

—Et c'est elle, sans doute, dit Édouard enchanté de cette découverte à laquelle il avait déjà rêvé; — c'est elle, je n'en puis douter, qui me procura la liberté?

—Vous ne vous trompez pas, M. Waverley; mais, bon Dieu! combien elle aurait de chagrin si elle savait que vous en êtes informé! Elle voulut que je parlasse toujours en langue gaëlique, afin de vous laisser croire que vous étiez dans les Highlands : je connais cette langue, parce que ma mère était une femme des Highlands.

(1) L'arbre du rendez-vous. — Éd.

Édouard apprit bientôt tout le mystère de sa délivrance. Jamais musique ne fit sur l'oreille d'un amateur une sensation plus agréable que celle que le récit de la vieille femme produisit sur son cœur. Mais le lecteur n'étant pas comme lui amoureux, je crois devoir lui faire grace de tous les détails que donna la bonne femme avec d'ennuyeuses répétitions dans un récit de plus de deux heures. Je me contenterai de lui en présenter un aperçu général.

Lorsque Waverley fit part à Fergus de la lettre qu'il avait reçue de miss Rose par le message de Davie, et qui lui donnait avis que Tully-Veolan était occupé par un détachement de soldats, le chef actif des Mac-Ivors songea bientôt à en tirer parti. Empressé à inquiéter les postes ennemis, ne voulant pas les laisser s'établir si près de lui, et désirant faire plaisir au baron, car il avait eu plusieurs fois déjà l'idée de demander la main de sa fille, il résolut d'envoyer quelques hommes de son clan pour chasser les Habits-Rouges et amener Rose à Glennaquoich. Il venait de charger Mac-Combich de cette mission, lorsqu'il apprit que l'armée de sir John Cope marchait vers les Highlands pour attaquer et disperser les forces du Chevalier, avant qu'elles devinssent plus nombreuses; il se vit donc obligé de joindre l'étendard de Charles-Édouard avec tout son clan.

Fergus, avant de partir, envoya à Donald l'ordre de marcher avec lui; mais ce rusé maraudeur trouva le moyen de différer d'obéir, sous des prétextes plus ou moins plausibles. Son but était d'agir par lui-même : pressé par le temps et les circonstances, Fergus accepta ses excuses comme bonnes, en remettant à une occasion propice le projet de se venger; mais ne pouvant mieux faire il le chargea de l'expédition de Tully-Veolan, en lui recommandant de respecter le manoir, de s'établir dans le voisinage pour protéger Rose et les autres habitans de la maison, et enfin de molester et repousser tous les détachemens de volontaires ou de troupes régulières qui se montreraient de ce côté.

C'était donner à Donald une mission de partisan qu'il se proposa d'interpréter à son plus grand avantage, n'étant plus tenu en respect par le voisinage de Fergus; et comme il avait acquis quelque crédit dans les conseils du Prince, par quelques services secrets qu'il avait rendus précédemment, il résolut de profiter, comme on dit, du soleil pour faire ses foins. Il n'eut pas grand'peine à chasser les soldats de Tully-Veolan; puis il se mit à lever des contributions sur les tenanciers et à faire une petite guerre pour son compte, quoiqu'il n'osât pas troubler les habitans du manoir, dans la crainte de se faire un ennemi puissant dans l'armée du Chevalier; car il savait que

*Le courroux du baron était à redouter.*

Cependant il prit la cocarde blanche, et rendit quelques services à miss Rose, par égard, disait-il, pour la cause sacrée que le baron avait embrassée, et déplorant la nécessité dans laquelle il se trouvait de pourvoir aux besoins de sa troupe.

Ce fut à cette époque qu'avec son exagération accoutumée la Renommée apprit à Rose qu'Édouard Waverley avait tué le maréchal-ferrant de Cairnvreckan; qu'il avait été jeté dans un cachot d'après les ordres du major Melville, et qu'il devait paraître devant une cour mar-

16.

tiale dans trois jours. Dans son inquiétude cruelle, Rose proposa à Donald Bean de délivrer le prisonnier. Donald accepta une telle mission avec d'autant plus de plaisir, qu'il espérait faire oublier par ce service les peccadilles qu'on pouvait lui reprocher. Il eut cependant l'adresse, tout en faisant valoir son respect pour ses devoirs, de tant retarder, que Rose, dans son désespoir, offrit d'acheter ses secours par le don de quelques diamans précieux qui avaient appartenu à sa mère.

Donald Bean, qui avait servi long-temps en France, connaissait, et peut-être même estimait trop haut la valeur réelle de ces colifichets. Mais il comprit aussi que miss Bradwardine craignait qu'on ne parvînt à savoir qu'elle avait donné ses joyaux pour obtenir la liberté de Waverley. — Résolu de ne pas se laisser enlever son butin par ce scrupule, il vint de son propre mouvement offrir de jurer de ne jamais mentionner le nom de Rose dans cette transaction. Il prit cet engagement d'autant plus volontiers qu'il ne voyait aucun avantage à s'en affranchir. Il voulut même, comme il le dit à son lieutenant, donner à la jeune dame le gage qu'il croyait selon lui le plus inviolable de tous, — et ce fut le serment qu'il fit sur la lame de son dirk.

Cet acte de bonne foi lui fut en partie aussi inspiré par quelques attentions que Rose témoignait à sa fille Alice,—attentions qui avaient gagné le cœur de cette jeune Highlandaise et flatté l'orgueil de son père. Alice, qui était parvenue à savoir quelques mots d'anglais, était très-communicative auprès de sa protectrice, et en retour de ses bontés, elle lui remit tous les papiers qui révélaient l'intrigue de Donald avec le régiment de G***, et dont elle était dépositaire. Elle consentit avec le même empressement à les restituer à Waverley sans que son père en sût rien; car, pensa Alice, mon père n'a pas besoin de ces chiffons, et ils obligent le beau gentilhomme et l'aimable miss.

Le lecteur se rappelle de quelle manière elle les mit au pouvoir de notre héros avant son départ du glen.

Cependant l'expulsion du détachement de Tully-Veolan jeta l'alarme dans les environs; et, pendant que Donald était sur les traces de Gilfilan, on envoya des forces très-considérables pour repousser les insurgés et maintenir la tranquillité dans le pays. Le commandant était un officier, rigide observateur de la discipline; non-seulement il ne se permit pas de se présenter chez miss Bradwardine, qui se trouvait sans protecteurs, mais il défendit, sous les peines les plus sévères, de faire le moindre dégât. Il établit son petit camp sur une élévation non loin du château, et plaça des corps-de-garde dans tous les chemins du voisinage. Donald apprit tous ces détails lorsque, après avoir dispersé la troupe de Gilfilan, il se disposait à rentrer à Tully-Veolan. Ne voulant point renoncer au prix de son entreprise, il déposa son prisonnier dans la cabane de la vieille Jeannette, dont plusieurs habitans de Tully-Veolan eux-mêmes connaissaient à peine la situation, et qui n'était pas connue de Waverley lui-même. La maladie du prisonnier dérangea tous les plans de Donald; mais elle ne l'empêcha pas de recevoir la récompense promise. Lorsqu'il se vit forcé de quitter le pays avec sa bande, et de choisir un autre théâtre pour exercer ses talens, les instances de miss Rose le déterminèrent à laisser dans la cabane un vieil herboriste qui se mêlait de médecine, et qui se chargea d'avoir soin du malade.

Le cœur de la pauvre Rose fut bientôt déchiré par mille inquiétudes. Elle apprit de la vieille Jeannette qu'on promettait une récompense à celui qui livrerait Waverley : Donald résisterait-il à la tentation ?..... Dans l'excès de ses craintes, elle crut qu'elle n'avait d'autre parti à prendre que d'informer le Prince des dangers que courait Waverley, persuadée que la politique et l'honneur lui feraient un devoir de venir à son secours. Elle eut d'abord l'idée de ne pas signer son nom ; mais elle craignit que sa lettre anonyme ne produisît aucun effet : elle y mit donc son nom d'une main tremblante, et la confia au fils d'un fermier, qui fut charmé d'avoir une occasion de parler au Prince pour lui demander un grade d'officier.

Lorsque le Prince reçut la lettre, il était en marche pour les Lowlands. Il comprit de quelle importance il était pour lui d'avoir en son pouvoir un jeune homme qu'il supposait lié avec les jacobites d'Angleterre. Il donna les ordres les plus précis à Donald Bean Lean, pour qu'il conduisît Waverley sain et sauf avec son bagage au gouverneur du château de Doune. — Donald n'osa pas désobéir, parce que l'armée du Prince était trop proche pour qu'il pût s'en dispenser sans être puni. Il était d'ailleurs aussi bon politique que bon maraudeur, et il n'eût pas voulu perdre le mérite de ses précédens services. Il fit donc, comme on dit, de nécessité vertu, et chargea son lieutenant d'accompagner Édouard jusqu'à Doune. Le lecteur connaît la manière dont le lieutenant s'acquitta de sa mission.

Le gouverneur de Doune avait l'ordre de faire escorter son captif jusqu'à Édimbourg, comme prisonnier de guerre, parce que le Prince craignait que Waverley, se voyant en liberté, ne revînt à son projet de retourner en Angleterre. Il ne prit cependant ce parti que d'après l'avis du chef de Glennaquoich, qu'il consulta sur la manière dont il devait disposer d'Édouard, mais sans lui faire connaître comment il avait appris le lieu de sa retraite.

Le Prince se croyait obligé de respecter ainsi le secret d'une dame; quoique la lettre de Rose fût conçue dans des termes très-vagues, et qu'elle eût cherché à faire croire qu'elle n'agissait que par humanité et par zèle pour le service de Son Altesse Royale, elle exprimait si vivement la crainte qu'elle avait qu'on ne sût qu'elle s'était mêlée de cette affaire, que le Chevalier devina le motif secret de l'intérêt qu'elle prenait à Waverley. Cette conjecture, d'ailleurs bien fondée, lui fit faire plusieurs suppositions dénuées de fondement. Il attribua la vive émotion que fit paraître Édouard au bal d'Holy-Rood, en s'approchant de Flora et de Rose, aux sentimens qu'il nourrissait pour la dernière; et il crut que l'inclination des amans était contrariée par l'entêtement du baron à vouloir maintenir la substitution de ses propriétés, ou par quelque autre obstacle. Il est vrai qu'il avait entendu dire plusieurs fois que les vœux de Waverley s'adressaient à miss Mac-Ivor; mais il n'ignorait pas combien la renommée est prodigue de ces sortes de bruits, et il crut avoir la certitude que le gentilhomme anglais était l'amant aimé de miss Rose. Désirant attacher Édouard à son service, et en même temps lui être agréable, le Prince insista auprès du baron pour lui faire transférer son domaine sur la tête de sa fille; M. Bradwardine y avait consenti enfin, ce qui détermina Fergus à faire la double demande du titre de comte et de la main de miss Bradwardine, demande rejetée, comme nous l'avons vu.

Le Chevalier, continuellement occupé de ses propres affaires multipliées, n'avait pas encore eu d'explication avec Édouard, quoiqu'il eût été souvent sur le point de l'entretenir là-dessus; depuis, lorsque Fergus fit connaître ses intentions, le Prince crut devoir rester neutre entre les deux prétendans, espérant qu'ils attendraient la fin de l'expédition pour terminer leur différend; mais, dans la marche sur Derby, il comprit, dans un entretien qu'il eut avec Fergus, que ce chef se méprenait sur la conduite d'Édouard; il crut devoir le détromper, en lui déclarant qu'il avait de fortes raisons pour penser que celui-ci ne songeait point à miss Mac-Ivor, et qu'il avait des engagemens avec miss Bradwardine : le lecteur n'a pas oublié, j'espère la querelle qui s'ensuivit entre Édouard et le Chieftain.

Ces circonstances donneront l'explication de quelques événemens de ce récit, que nous n'avons pas détaillés afin d'exciter la curiosité du lecteur, selon la coutume des conteurs d'histoires.

Lorsque la vieille Jeannette eut une fois révélé les principaux faits de ce récit, Waverley fut mis aisément sur la voie pour sortir de l'espèce de dédale d'incertitudes dans lequel il avait été égaré. C'était donc à Rose Bradwardine qu'il devait cette vie dont il lui serait doux désormais de lui faire le sacrifice. Un peu de réflexion lui fit conclure cependant qu'il valait encore mieux vivre pour elle, afin de lui faire un jour partager son indépendance et sa fortune en Angleterre ou dans un pays étranger. Le plaisir de tenir de si près à un homme du mérite du baron, et dont sir Everard faisait un si grand cas, était encore une considération en faveur de ce mariage. Les singularités de M. Bradwardine, qui paraissaient si grotesques et si ridicules dans sa prospérité, n'étaient plus que les traits d'un caractère original pour ceux qui le savaient dans l'infortune.

Le cœur rempli de flatteuses espérances pour son bonheur à venir, Édouard partit pour le petit Veolan, résidence de M. Duncan Macwheeble.

# CHAPITRE LXII.

> Voilà Cupidon qui est devenu un enfant consciencieux. — Il fait restitution.
> SHAKSPEARE.

M. Duncan Macwheeble, qui n'était plus ni commissaire des guerres ni bailli, quoique jouissant encore du vain titre de cette seconde dignité, avait échappé à la proscription en se séparant de bonne heure du parti de l'insurrection, et surtout à cause de sa nullité.

Édouard le trouva dans son cabinet, au milieu de plusieurs tas de paperasses. Il avait devant lui un énorme plat rempli de soupe de farine d'avoine, et à sa gauche une cuiller de corne et une bouteille de *two-penny* (1). Il parcourait des yeux une volumineuse pancarte de procédure, et de temps en temps il portait à sa grande bouche sa cuiller, copieusement chargée de l'aliment nutritif. Une bouteille d'eau-de-vie de Hollande, placée à la portée de sa main droite, indiquait que cet

(1) Petite bière écossaise, ainsi nommée du prix de la bouteille two-penny (*deux sous*) avant l'augmentation des droits. — Éd.

honnête membre du corps des légistes avait déjà pris son coup du matin, ou qu'il se proposait d'assaisonner sa soupe de ce liquide digestif, et peut-être aurait-on pu admettre en même temps ces deux suppositions. Son bonnet de nuit et sa robe de chambre avaient jadis été de tartan ; mais, toujours aussi prudent qu'économe, le bon bailli avait eu soin de les faire teindre en noir, de peur que leur couleur de mauvais augure ne rappelât son excursion à Derby. Pour achever son portrait, son visage était barbouillé de tabac jusqu'aux yeux, et ses mains noircies d'encre jusqu'au poignet.

Quand Waverley s'avança vers la petite barrière verte qui protégeait son pupitre et sa chaise contre l'approche du vulgaire, le bailli fronça le sourcil, et le regarda d'un œil inquiet. Rien ne le contrariait davantage que de voir réclamer l'honneur de sa connaissance par quelqu'un des malheureux gentilshommes qui étaient désormais plutôt dans le cas de lui demander son assistance que de lui apporter des profits. Mais il reconnut bientôt le riche gentilhomme anglais.—Qui sait quelle est sa position ? se dit-il... C'était l'ami du baron... Que faire ?...

Ces réflexions donnèrent un air ridicule d'embarras au pauvre bailli. Waverley, qui n'était venu trouver M. Macwheeble que pour lui faire part de ses projets de bonheur, ne put s'empêcher de rire en le voyant, et il était sur le point de s'écrier avec Syphax :

Moi, faire de Caton un confident d'amour (1).

(1) Vers du Caton d'Addison, qui, dans sa tragédie selon Aristote, a ses amoureux et ses confidens classiques. — Éd.

Comme le bailli n'avait jamais eu l'idée qu'il fût possible qu'un homme menacé de perdre sa liberté ou tourmenté par la misère pût se permettre de rire, il fut tout-à-fait rassuré par l'hilarité d'Édouard : il s'empressa de lui souhaiter la bienvenue au petit Veolan, et de lui demander ce qu'il devait lui faire servir pour déjeuner. Avant tout, son visiteur avait une confidence à faire à M. Macwheeble, et il lui demanda la permission de fermer la porte au verrou. Duncan ne fut guère charmé de cette précaution, qui indiquait quelque danger à craindre; mais il ne pouvait plus reculer.

Convaincu qu'il pouvait se fier au bailli en l'intéressant à être fidèle, Édouard s'empressa de lui faire part de sa situation et de ses projets. Le très-prudent bailli écouta d'abord avec tous les symptômes de la peur, en apprenant que Waverley se trouvait encore en état de proscription. — Il se rassura tant soit peu à la vue du passe-port, — se frotta vivement les mains lorsque Édouard exposa sa fortune actuelle, — ouvrit de grands yeux en sachant quelles étaient ses espérances brillantes; — mais, lorsqu'il lui fit connaître son intention de tout partager avec miss Rose Bradwardine, le pauvre bailli perdit presque la raison dans l'exaltation de sa joie: il s'agita sur son fauteuil, comme la pythonisse sur le trépied sacré; il fit voler sa plus belle perruque par la fenêtre, parce que la tête de bois sur laquelle elle était placée se trouva à portée de son premier geste; il lança son bonnet au plafond et le rattrapa; il se mit à siffler un air favori, fit une pirouette écossaise avec une grace et une agilité inimitables, et, se jetant enfin sur une chaise, épuisé de fatigue, il s'écria : — Lady Waverley! dix mille livres sterling de rente par an! Que Dieu m'empêche d'en perdre la tête!

— Amen! de tout mon cœur, dit Waverley; mais, M. Macwheeble, maintenant occupons-nous d'affaires.

Ce dernier mot agit comme un calmant sur l'agitation du bailli; il tailla sa plume, prépara les amples marges d'une demi-douzaine de feuilles de papier, et descendit les *Styles de Jurisprudence* de Dallas Saint-Martin, vénérable ouvrage qui était juché sur le même rayon que les *Instituts* de lord Stair, les *Doutes* de Dirleton, les *Pratiques* de Balfour, et de lourds registres anciens. — Il ouvrit le volume à l'article *Contrat de mariage*, et se disposa à faire ce qu'il appela une petite minute, pour empêcher les parties de se dédire.

Ce ne fut pas sans peine que Waverley parvint à lui faire comprendre qu'il allait trop vite. — J'ai besoin de votre assistance, lui dit-il, d'abord pour que vous ayez la complaisance d'écrire au commandant du détachement cantonné à Tully-Veolan, que M. Stanley, gentilhomme anglais, proche parent du colonel Talbot, est en affaires chez M. Macwheeble; et que, connaissant l'état du pays, il envoie son passe-port pour être soumis au visa du capitaine Forster. — A cette missive l'officier répondit par une invitation polie à dîner, que le prétendu Stanley refusa, comme on le suppose, sous prétexte d'affaires.

Le second service qu'Édouard demanda au bailli fut de faire partir un domestique à cheval pour le bureau de poste où le colonel Talbot devait adresser ses lettres, et de donner ordre à ce messager d'attendre jusqu'à ce qu'il pût apporter au petit Veolan une lettre pour M. Stanley.

Le bailli appela à l'instant son apprenti ou son garçon (on se servait indifféremment de ces deux mots il y a soixante ans).

— Jacques Scriever, lui dit-il, prends bien soin du bidet blanc. Le pauvre animal a bien souffert dans la dernière campagne! On aurait dit qu'il avait des ailes le jour où..... il est un peu court d'haleine depuis le jour... — Hem! Dieu vous bénisse! — J'allais... — Oui, depuis que je le mis ventre à terre pour aller chercher le Chevalier, qui vint séparer M. Waverley et Vich Ian Vohr (je faillis cent fois me casser le cou); mais aussi il ne s'agissait pas de peu de chose! Maintenant tout va être réparé. — Lady Waverley!... dix mille livres sterling par an!... Dieu me bénisse!...

— Mon cher M. Macwheeble, vous oubliez que nous avons besoin du consentement du baron, — de celui de la jeune dame...

— Ils le donneront, je vous en réponds; ils le donneront... dix mille livres de rente! C'est bien autre chose que ce fanfaron de Balmawhapple : avec la rente d'une demi-année vous achèteriez tout Balmawhapple, rentes et terres. Dieu nous rende reconnaissans!

Pour le forcer à changer de conversation, Waverley lui demanda s'il avait eu récemment des nouvelles du chef de Glennaquoich.

— Tout ce que je sais, répondit le bailli, c'est qu'il est toujours au château de Carlisle, et qu'il ne tardera pas à être jugé..... Je ne lui souhaite pas le moindre mal, ajouta-t-il; mais j'espère que ceux qui l'ont saisi le tiendront bien, et qu'ils ne lui permettront pas de venir, sur ces frontières, nous tourmenter avec le *black-mail* et toutes sortes de violences, d'outrages, d'oppression et de spoliation, soit par lui-même, soit par les autres qu'il envoyait pour cela. Et qu'a-t-il fait de l'argent? savait-il le garder? non: il le laissait dépenser, à tort et à travers, par cette oisive demoiselle à Édimbourg. — Mais ce qui vient vite s'en va vite. — Pour moi, je désire ne plus jamais voir un Kilt dans le pays, ni un Habit-Rouge, ni un fusil, à moins que ce ne soit pour tuer un perdreau; — ce sont tous gens du même métal: — et, quand ils vous ont fait tort, vous auriez beau obtenir contre eux arrêt de restitution et dommages-intérêts, — vous êtes bien avancés: — ils n'ont pas un plack pour vous payer; vous n'avez pas besoin d'en faire tirer la minute pour signification.

Sur ces entrefaites l'heure du dîner arriva, et M. le bailli fit espérer à son hôte qu'il trouverait le moyen de l'introduire au château de Duchran, où miss Rose habitait alors, sans risquer d'être même inquiété.

— Ce ne sera pas chose facile cependant, dit-il, car le laird est un chaud partisan du gouvernement.

Le poulailler avait été mis à contribution; le *cockyleeky* (1) et les tranches de mouton à l'écossaise fumaient dans la salle du bailli. Le tire-bouchon venait tout juste d'être introduit dans le liège d'une bouteille de Bordeaux (qui provenait peut-être des caves de Tully-Veolan), lorsque le poney du bailli passa devant la fenêtre au grand trot: il crut qu'il était prudent de laisser la bouteille de côté pour le moment. Le clerc entra, et remit un paquet à M. Stanley. Édouard reconnut l'écriture et le cachet du colonel Talbot, et l'ouvrit d'une main tremblante. Le paquet contenait deux actes officiels en bonne forme: par l'un son Altesse Royale accordait protection

(1) Soupe faite avec un coq ou poulet, et des poreaux. — Éd.

et sûreté à Cosme-Comyne de Bradwardine, et ci-devant baron de Bradwardine, dépouillé de sa baronnie pour avoir pris part à la rébellion; le second accordait également protection à Édouard Waverley, esq. La lettre du colonel Talbot était en ces termes :

« Mon cher Édouard,

« J'arrive; et il n'y a que quelques heures que j'ai eu le
« bonheur de terminer l'affaire qui était le but de mon
« voyage. J'ai rencontré beaucoup plus de difficultés
« que je ne m'y attendais. J'ai trouvé Son Altesse Royale
« dans une disposition d'esprit peu favorable à ma dé-
« marche : elle venait de donner audience à trois ou
« quatre gentilshommes anglais. — Talbot, m'a-t-il dit
« après m'avoir accueilli avec beaucoup d'affabilité, croi-
« riez-vous que cinq ou six gentilshommes honorables
« et les plus dévoués au gouvernement, sur la rive nord
« du Forth, tels que le major Melville de Cairnvreckan,
« Rubrick de Duchran et autres, viennent, par leurs
« instances réitérées, de m'arracher des lettres de protec-
« tion et la promesse de pardon en faveur de ce vieux re-
« belle opiniâtre, qu'on appelle baron de Bradwardine !
« Ils ont allégué que la noblesse de son caractère person-
« nel, et la manière généreuse dont il s'est comporté avec
« ceux de nos prisonniers que le sort des armes avait fait
« tomber entre les mains des insurgés, devaient plaider
« en sa faveur, d'autant plus que la confiscation de sa
« baronnie serait une punition assez sévère. M. Rubrick
« s'est chargé de lui donner asile dans sa maison, jusqu'à
« ce que tout soit arrangé dans ce pays : vous convien-
« drez qu'il est un peu dur d'être forcé de pardonner à
« un ennemi si prononcé de la maison de Brunswick ?

« Le moment n'était pas trop favorable pour présenter
« ma requête, cependant j'ai osé dire à Son Altesse
« Royale que j'étais heureux de la trouver dans ces
« dispositions de clémence, et qu'elle m'enhardissait à
« lui faire une demande de la même nature. Le prince
« a paru très-mécontent de mon ouverture; j'ai insisté,
« j'ai fait valoir l'estime dont Son Altesse Royale m'ho-
« norait pour prix de mon attachement à sa personne,
« et des légers services que j'avais eu le bonheur de lui
« rendre; j'ai parlé des trois voix dont nous disposons
« au parlement. Je l'ai vu embarrassé, mais persistant
« toujours dans son refus. J'ai parlé de l'avantage que
« retirerait le gouvernement en s'attachant pour tou-
« jours l'héritier de la famille de Waverley. Je n'ai en-
« core fait aucune impression. J'ai raconté les obliga-
« tions dont je suis redevable à sir Everard, et à vous
« personnellement, ne réclamant pour prix de mes
« services que le moyen de prouver ma reconnaissance.
« Je me suis aperçu que le prince méditait encore un
« refus : alors, comme dernière ressource, tirant ma
« *commission* de colonel de ma poche : — Puisque Son
« Altesse Royale, ai-je dit, ne me juge pas digne d'une
« faveur qu'elle n'a pas craint d'accorder à plusieurs gen-
« tilshommes dont les services n'égalent peut-être pas
« les miens, je la supplie très-humblement d'accepter
« ma démission et de me permettre de quitter le service.

« Le prince ne s'attendait pas à cela. Il m'a dit des
« choses obligeantes sur mes services, et m'a accordé ma
« demande.

« Vous voilà donc redevenu libre, mon cher Édouard;
« j'espère que vous tiendrez la promesse que j'ai faite
« pour vous d'être sage à l'avenir, et de ne jamais ou-

« blier cet acte de clémence. Vous voyez que *mon* prince
« n'est pas moins généreux que le *vôtre*. Je ne prétends
« pas, il est vrai, qu'il accorde une faveur avec ces
« graces étrangères et ces complimens qui distinguent
« votre Chevalier errant (1); mais il a les franches ma-
« nières d'un Anglais ; et la répugnance évidente avec
« laquelle il vous accorde votre demande, prouve le sa-
« crifice qu'il fait de sa propre inclination à vos désirs.
« Mon ami l'adjudant-général m'a procuré les *duplicata*
« des lettres de protection pour le baron; l'original est
« entre les mains du major Melville. Comme j'ai pré-
« sumé que vous seriez charmé d'être le premier à lui
« donner cette heureuse nouvelle, je vous en adresse la
« copie. M. Bradwardine doit se rendre sans retard à
« Duchran pour y faire sa *quarantaine;* vous pouvez l'ac-
« compagner, et même je vous permets d'y demeurer
« sept à huit jours : je sais que certaine belle est par là.
« Je suis bien aise de vous apprendre que tous les pro-
« grès que vous ferez sur son cœur enchanteront sir
« Everard et M^rs Rachel, qui ne seront pleinement ras-
« surés sur le sort des *trois hermines passant*, que lorsque
« vous leur présenterez une mistress Waverley. Or cer-

---

(1) Quelle cruelle ironie *hanovrienne* contre les graces *étrangères* de ce chevalier errant ! Nous ne répudierons pas en France le mérite de cette éducation chevaleresque du dernier des Stuarts. Il y a plus que de la courtoisie dans la manière aimable d'accorder un bienfait ; il y a encore de la bonté. Le colonel Talbot surnomme ici Charles-Édouard le *chevalier errant ;* son prince a mérité dans l'histoire le surnom de *boucher :* lequel vaut le mieux ? Enfin nous acceptons le compliment sur les graces étrangères de Charles-Édouard, en dédommagement de la libéralité avec laquelle l'auteur a précédemment attribué les défauts de Fergus à son éducation française. Voyez la note du chap. XXXIX. — Éd.

« taines affaires d'amour pour mon compte, — il y a
« déjà un bon nombre d'années, — interrompirent
« certains projets alors sur le tapis pour la perpétuité
« de ces *trois hermines;* je suis tenu en conscience de les
« en dédommager. Mettez donc le temps à profit, car
« lorsque vous aurez passé huit jours à Duchran, vous
« serez obligé de partir pour Londres, afin d'y solliciter
« votre grace à la cour de justice.

« Adieu, mon cher Waverley; toujours tout à vous
« bien sincèrement.

« Philippe Talbot. »

# CHAPITRE LXIII.

> Heureux les amoureux
> Dont l'hymen vient bientôt couronner tous les vœux.

Lorsque Édouard fut un peu remis de l'espèce de ravissement dans lequel l'avaient jeté ces nouvelles inattendues, il invita M. Macwheeble à l'accompagner jusqu'à la retraite du baron. Mais le circonspect bailli lui fit observer que si le baron se montrait de suite en public, ses vassaux feraient éclater leur satisfaction par des cris de joie et des réjouissances qui pourraient offenser les autorités existantes, autorités pour lesquelles M. Duncan Macwheeble avait un respect sans bornes.
— Vous feriez mieux, dit-il, d'aller seul chez la vieille Jeannette, et d'amener à l'ombre de la nuit le baron au petit Veolan, où il pourra goûter le plaisir d'un bon lit. J'irai moi-même trouver le capitaine Forster

pour lui montrer les lettres de protection qu'on accorde au baron, et lui demander son agrément pour le recevoir chez moi cette nuit, afin de le faire partir en poste demain au matin, pour Duchran, avec M. Stanley..... car je suppose que Votre Honneur gardera encore ce nom.

— Certainement, M. Macwheeble; mais ne viendrez-vous pas vous-même au glen pour y voir votre patron.

— Je le ferais de bon cœur, vous pouvez le croire, et je remercie Votre Honneur de m'avoir rappelé mes devoirs; mais le soleil sera couché avant que je sois de retour de chez le capitaine : vous savez que le taillis ne jouit pas d'une bonne réputation, à ces heures indues!.... On dit beaucoup de choses sur la vieille Jeannette Gellatley... Le laird n'y ajoute pas la moindre foi... il a toujours été si imprudent et si téméraire!.... et il n'a jamais craint ni diable ni homme; mais je suis sûr que sir Georges Mackenye dit qu'aucun théologien ne peut douter qu'il n'y ait des sorciers, puisque la Bible nous défend de les laisser vivre; comme aucun homme de loi en Écosse n'en saurait douter non plus, puisque notre législation les condamne à mort. Ainsi donc la loi et l'Évangile sont là pour appuyer cette opinion. Si Votre Honneur ne croit pas au Lévitique, il croira au livre des *Statuts*. Mais ce sera comme Son Honneur voudra : peu importe à Duncan Macwheeble. Cependant j'enverrai chercher la vieille Jeannette ce soir. Il ne faut pas traiter légèrement les gens qui ont cette réputation. Et puis nous aurons besoin de Davie pour tourner la broche; car j'enverrai Eppie tuer une oie grasse pour le souper de Vos Honneurs.

Quand le soleil fut près de se coucher, Waverley partit pour se rendre à la chaumière. — Il fut obligé de convenir que la superstition avait bien choisi son lieu et son sujet pour répandre ses ridicules terreurs; on pouvait appliquer à Jeannette et à sa demeure la description de Spencer :

> Là, dans un sombre glen, la hutte s'élevait,
> Des roseaux en formaient la structure grossière,
> Et, rempart peu solide, un vieux mur l'entourait.
> Tel était le séjour choisi par la sorcière :
> La vieille de haillons se couvrait à dessein,
> Affectant les dehors d'une affreuse indigence,
> Évitant de passer dans le hameau voisin,
> Et de tout importun repoussant la présence,
> Afin de mieux cacher aux regards curieux
> Les funestes complots de son art odieux.

Édouard entra dans la hutte en se rappelant ces vers. La pauvre Jeannette, courbée par l'âge, et noircie par la fumée de son feu de tourbe, allait et venait dans sa demeure avec un balai de bouleau, et marmottait quelques paroles entre ses dents, tout en tâchant de donner un air de propreté à son plancher et à son foyer pour les rendre dignes de ses hôtes. Le bruit des pas de Waverley la fit tressaillir et trembler de tous ses membres, tant elle était inquiète pour le baron. Il eut beaucoup de peine à lui faire comprendre que M. Bradwardine n'avait plus rien à craindre pour sa personne, mais qu'on l'avait dépouillé de sa propriété.... — Eh! qui serait assez avide pour oser lui prendre son bien? dit-elle. Quant à cet Inchgrabbit, je voudrais parfois être vraiment une sorcière en sa faveur, si je n'avais peur que l'Ennemi ne me prît au mot.

Édouard lui remit quelques pièces d'argent, et lui promit que sa fidélité serait récompensée.

— Quelle autre récompense me serait plus agréable, répondit-elle, que le plaisir de voir mon vieux maître et miss Rose recouvrer ce qui est à eux?

Waverley prit congé d'elle, et se hâta de se rendre au *Patmos* du baron. A peine eut-il sifflé à demi-voix, qu'il vit le vieillard, tel qu'un vieux blaireau, sortir la tête de son terrier pour *reconnaître*.

— Vous venez de bonne heure, mon enfant, dit-il en descendant: les Habits-Rouges auraient-ils encore découvert ma retraite? ne sommes-nous plus en sûreté ici?

— Les bonnes nouvelles ne sauraient être apprises trop tôt, répondit Waverley; et il s'empressa de lui rendre compte de tout ce qu'il avait d'heureux à lui annoncer.

Le vieillard, joignant les mains et levant ses regards vers le ciel, pria, un moment, en silence et puis il s'écria : — Loué soit Dieu, je reverrai mon enfant!

— Pour ne plus la quitter, ajouta Waverley.

— J'ose l'espérer,... à moins que ce ne soit pour gagner, par mon travail, de quoi subvenir à ses besoins; car je suis un peu court en finances : mais que signifient les biens du monde!

— Et si, dit Édouard avec timidité, il y avait une situation qui plaçât miss Bradwardine hors des incertitudes de la fortune et dans le rang où elle est née, vous y opposeriez-vous, mon cher baron, parce qu'elle rendrait un de vos amis l'homme le plus heureux de la terre?

Le baron se tourna promptement vers lui comme s'il n'eût pas bien entendu.

— Oui, continua Édouard, je ne regarderai mon

arrêt de proscription comme véritablement révoqué, qu'autant que vous me permettrez de vous accompagner à Duchran pour y.....

Le baron semblait vouloir rassembler toute sa dignité pour parler d'une manière convenable sur ce qu'il aurait appelé dans d'autres temps un traité d'alliance entre les maisons de Bradwardine et de Waverley; il ne put y parvenir : le *père* l'emporta sur le *baron*. L'orgueil de la naissance et des titres fut mis de côté; la joie et la surprise se peignirent dans tous les traits du vieillard, lorsque, ne pouvant contenir l'émotion de la nature, il serra Waverley dans ses bras en s'écriant avec des sanglots :

— Mon fils, mon cher fils! eussé-je pu chercher dans l'univers entier, c'est de vous que j'aurais fait choix!

Édouard lui rendit ses embrassemens avec la plus tendre affection ; et, pendant quelques minutes, ils marchèrent, sans se parler, l'un à côté de l'autre. Édouard rompit le silence le premier.

— Mais miss Bradwardine? dit-il.

— Elle n'a jamais d'autre volonté que celle de son père; d'ailleurs, vous réunissez tout ce qui peut flatter une personne bien née..... Dans les jours de ma prospérité je n'aurais pas désiré d'autre époux pour ma fille, que le digne neveu de mon excellent ami sir Everard! Mais je suppose, jeune homme,—que vous ne commettez aucune imprudence ; que vous avez eu soin de vous assurer de l'approbation de vos amis, de vos parens, et surtout du respectable sir Everard, qui vous tient lieu de père, *loco parentis;* ah! nous ne devons pas oublier cela.

Édouard l'assura que sir Everard se croirait très-honoré de l'accueil flatteur qu'avait reçu sa demande, qui avait toute son approbation ; et, pour l'en convaincre, il remit au baron la lettre du colonel Talbot.

Le baron lut la lettre avec la plus grande attention.

— Sir Everard, dit-il, a toujours préféré l'honneur et la naissance aux richesses ; et, dans le fait, il n'a aucun besoin de faire sa cour au *diva pecunia*. Puisque Malcolm s'est rendu coupable de parricide, car je ne saurais donner d'autre nom à l'aliénation de l'héritage de nos ancêtres, je regrette maintenant, ajouta-t-il en fixant les yeux sur une partie du toit de Tully-Veolan, qu'on apercevait par-dessus les arbres, — je regrette de ne pas pouvoir laisser à Rose le vieux manoir et les sillons qui en dépendent. Cependant, ajouta-t-il après avoir réfléchi pendant quelques instans, tout est peut-être pour le mieux ; car, comme baron de Bradwardine, j'aurais cru de mon devoir d'insister sur certaines prétentions au sujet de mon nom et de mes armes, qu'aujourd'hui, laird sans terre, avec une fille sans dot, on ne saurait me blâmer d'avoir abandonnées.

— Dieu soit loué, pensa Édouard, que mon oncle n'entende pas parler de ces scrupules ! l'ours rampant et les trois hermines passant se seraient querellés. — Je vous prie d'être persuadé, ajouta-t-il avec toute l'ardeur d'un jeune amoureux, que je mets tout mon bonheur dans la possession du cœur de votre aimable fille, et que je suis aussi heureux en obtenant votre approbation, que si elle m'apportait pour douaire un comté.

Ils arrivèrent au petit Veolan : l'oie fumait sur la table, et le bailli brandissait son couteau et sa fourchette. Son patron et lui se revirent avec une joie franche. La cuisine eut aussi ses hôtes : la vieille Jeannette fut placée au coin du feu ; Davie tourna la broche à son immortel honneur, et les chiens eux-mêmes, Ban et Buscar, qui avaient eu une part abondante, dormirent sur le plancher.

Le lendemain M. Bradwardine partit pour Duchran avec son jeune ami. Le baron y était attendu, parce qu'on y était informé du succès des démarches que les gentilshommes partisans du gouvernement avaient faites unanimement en sa faveur. On était même persuadé qu'il aurait conservé ses propriétés, si elles n'avaient passé entre les mains de son indigne parent, dont les droits, résultant de la condamnation du baron pour crime de rébellion, ne pouvaient être détruits par un pardon de la couronne. Le vieillard, avec sa gaieté ordinaire, se plaisait à répéter qu'il aimait cent fois mieux posséder l'estime de ses honorables voisins, que de rentrer dans l'entière jouissance de sa baronnie et de ses dépendances.

Je n'essaierai pas de peindre l'entrevue du père et de la fille qui s'aimaient si tendrement, et que des circonstances si cruelles avaient séparés ; moins encore essaierai-je d'expliquer l'aimable rougeur de miss Rose lorsqu'elle reçut les complimens de Waverley : je ne chercherai même pas à savoir si elle eut quelque curiosité d'apprendre le motif particulier de son voyage en Écosse. Enfin, pourquoi ennuyer le lecteur des fades détails d'une déclaration d'amour d'il y a soixante ans ? Il suffira de dire que sous les auspices d'un scrupuleux observateur de l'étiquette comme le baron, tout se passa dans les formes. Il se chargea, le lendemain matin de son arrivée, d'annoncer lui-même les propositions de

Waverley à Rose, qui les écouta avec la timidité convenable à une jeune fille. La renommée prétend cependant que Waverley avait, dès la veille au soir, trouvé cinq minutes pour l'informer de ce qui se passait, pendant que le reste de la compagnie regardait trois serpens entrelacés formant un jet d'eau dans le jardin.

Mes belles lectrices en décideront elles-mêmes : quant à moi, je ne conçois pas comment il aurait pu terminer en quelques minutes une affaire aussi importante, et qui coûta au laird une heure au moins d'explication.

Depuis lors Édouard fut regardé comme un prétendu agréé. A force de sourire d'un air d'intelligence et de faire des signes de tête, la dame de la maison lui assura à table la place à côté de miss Bradwardine, et au jeu celle de son partenaire. Entrait-il dans l'appartement, celle des quatre miss Rubrick qui était assise auprès de Rose avait toujours oublié son dé ou ses ciseaux d'un côté opposé, afin de lui laisser occuper sa chaise, et quelquefois, quand le papa et la maman n'étaient pas là pour leur dire : Mesdemoiselles, soyez sages et discrètes, — les demoiselles se mettaient à rire un peu. Le vieux laird de Duchran plaçait aussi, par momens, son bon mot, et la vieille lady sa remarque. Le baron lui-même ne pouvait pas toujours garder son sérieux, mais Rose n'avait avec lui que l'embarras des conjectures, car ses saillies étaient habituellement exprimées par une citation latine. Les valets peut-être se faisaient des signes trop expressifs, et les servantes riaient trop fort; chacun enfin chuchotait, et affectait de faire entendre qu'il y avait un secret sous le tapis. Alice, la jolie fille de la caverne, qui, depuis le *malheur* que son père avait éprouvé (comme elle le disait), servait Rose Bradwardine en qualité de

18.

fille de chambre, n'était pas la dernière à sourire et à clignoter. Rose et Waverley cependant supportaient toutes ces petites vexations, comme tant d'autres couples en avaient supporté, et comme tant d'autres en supportent, et en supporteront de semblables : mais probablement ils trouvaient quelque dédommagement, car ils ne parurent vraiment pas malheureux pendant les six jours que notre héros passa à Duchran.

Il fut définitivement arrêté qu'Édouard retournerait au château de Waverley pour faire tous ses préparatifs; qu'il passerait par Londres pour solliciter sa grace, et qu'il reviendrait le plus tôt possible pour recevoir la main de sa fiancée.

Édouard voulut aussi rendre visite dans ce voyage au colonel Talbot; mais il se proposait surtout de connaître le sort du chef infortuné de Glennaquoich, de le voir à Carlisle, de chercher à faire commuer sa peine s'il ne pouvait obtenir sa grace, et d'offrir à la malheureuse Flora un asile auprès de Rose, ou du moins de lui rendre tous les services qui dépendraient de lui. Il paraissait bien difficile d'arracher Fergus à son sort. Édouard avait déjà tenté d'intéresser en sa faveur son ami le colonel; mais Talbot ne lui avait pas dissimulé, en lui répondant, que son crédit, en ces sortes d'affaires, était épuisé.

Le colonel était encore à Édimbourg, où il prolongeait son séjour pour terminer une mission que le duc de Cumberland lui avait confiée. Il y attendait lady Émily, à qui les médecins avaient ordonné un voyage à petites journées, avec l'usage du petit-lait de chèvre, et que son neveu Stanley devait accompagner. Édouard alla donc à Édimbourg trouver le colonel, qui le félicita affectueusement de son bonheur, et se chargea avec plaisir de plusieurs commissions que notre héros fut obligé de lui laisser en partant. Mais au sujet de Fergus il fut inexorable ; il démontra, il est vrai, à Édouard que ses sollicitations seraient inutiles ; mais il avoua d'ailleurs qu'il ne pourrait pas consciencieusement user de son crédit en faveur de ce malheureux chef.—La justice, qui doit venger la nation de l'outrage qu'elle vient de recevoir, ne pouvait choisir, dit-il, une victime qui méritât mieux de servir d'exemple. Il ne peut alléguer d'avoir été séduit ou trompé ; il avait long-temps médité son entreprise ; et c'est avec pleine connaissance de cause qu'il a levé l'étendard de la révolte. Le sort de son père n'a pu l'intimider, ni la clémence du gouvernement, qui lui avait restitué ses domaines et ses titres, changer ses principes. Il est brave, généreux ; mais ses bonnes qualités ne le rendent que plus dangereux, comme son esprit éclairé rend son crime moins excusable ; — son enthousiasme pour une mauvaise cause l'appelle à en être le martyr. Enfin il a conduit au champ de bataille des centaines d'hommes qui, sans lui, n'auraient jamais troublé la paix du pays. — Je vous le répète, continua le colonel, Dieu sait que je le plains sincèrement comme individu, mais ce jeune chef avait bien examiné et compris le rôle désespéré qu'il a rempli. Il a joué à pair ou non la vie ou la mort, un cercueil ou une couronne de comte. La justice ne saurait permettre qu'il retirât ses enjeux parce que les dés ont tourné contre lui.

Telles étaient les conclusions que, dans ce temps-là même, des hommes braves et humains tiraient contre un ennemi vaincu. Espérons que nous ne verrons plus les scènes, et que nous n'entendrons plus les argumens de cette nature, qu'on voyait et qu'on entendait si généralement dans la Grande-Bretagne, il y a soixante ans.

## CHAPITRE LXIV.

Demain ? Oh ! c'est aller trop vite. — Épargnez-le,
Épargnez-le !
Shakspeare.

Waverley, suivi d'Alick Polwarth, son ancien domestique, qu'il avait repris à son service à Édimbourg, arriva à Carlisle, lorsque la cour d'*Oyer et Terminer* (1) était assemblée pour juger les prévenus de haute trahison. Il avait fait la plus grande diligence ; non, hélas! dans l'espoir de sauver son ami, mais seulement afin de le

---

(1) *Ouir et terminer*. Ces mots sont d'origine franco-normande, comme beaucoup d'autres dans la législation anglaise. Les cours d'assises deviennent des cours d'*oyer et terminer* (tribunaux criminels), deux fois par année, mais le roi décrète quelquefois des commissions spéciales d'*oyer et terminer* pour des crimes qui demandent prompte justice. Ces cours informent de toutes les causes criminelles. — Éd.

voir encore une fois. Nous aurions dû dire qu'il avait déjà fourni des fonds de la manière la plus libérale pour procurer des défenseurs aux prisonniers. Un solliciteur (1) et le premier avocat de Carlisle suivaient donc le procès ; mais c'était comme lorsque les premiers médecins sont appelés au lit d'un moribond d'un rang élevé ; les docteurs sont là pour mettre à profit quelque chance imprévue qu'offrira peut-être la nature, — et, dans un procès comme celui de Fergus, les avocats viennent épier une irrégularité accidentelle de la procédure. Édouard pénétra dans la salle d'audience, qui était remplie d'une foule immense ; mais il arrivait d'Écosse, et, à son empressement comme à son agitation, on supposa que c'était un parent des prisonniers ; chacun lui fit place. La cour terminait sa troisième séance. Le *verdict de culpabilité* (2) venait d'être prononcé. Ce fut dans ce moment solennel que Waverley jeta les yeux sur les deux personnes qui étaient à la barre. On ne pouvait se méprendre à la taille imposante et aux nobles traits de Fergus Mac-Ivor, malgré le désordre de ses vêtemens et la pâleur livide de son visage, causée par sa longue détention. A son côté était Evan Mac-Combich. Édouard fut saisi d'un étourdissement pénible ; mais il revint à lui lorsque le greffier criminel (3) proféra ces paroles solennelles : — Fergus Mac-Ivor de Glennaquoich, autrement appelé

---

(1) Le *sollicitor* et *l'attorney*, sont les avoués du barreau anglais ; le *sollicitor* suit les procès près les hautes cours d'équité ; l'*attorney* près les tribunaux civils. L'avocat (*counsellor*) dirige les procès et les plaide, etc., etc. Voyez une note du 1er vol. — ÉD.

(2) *Verdict of guilty*. C'est la *déclaration* (vere dictum) du jury qui prononce l'accusé coupable. — ÉD.

(3) *The clerk of arraigns*, greffier des assises. — ÉD.

Vich Ian-Vohr, et Evan Mac-Ivor de Tarrascleugh, autrement appelé Evan Dhu, Evan Mac-Combich, ou Evan Dhu Mac-Combich, vous et chacun de vous, vous êtes atteints et convaincus de haute trahison (1). Qu'avez-vous à dire en votre faveur contre le jugement que la cour va prononcer, afin que vous périssiez selon la loi?

Au moment où le juge-président mettait sur sa tête le fatal bonnet de jugement (2), Fergus se couvrit lui-même, le regarda d'un œil fixe et sévère, en répondant avec fermeté:

— Je ne puis laisser croire à cette nombreuse assemblée que je n'ai rien à répondre; mais ce que j'aurais à vous dire, vous ne pourriez l'entendre; car ma défense serait votre condamnation: usez donc de vos droits, au nom du ciel. Depuis deux jours, vous vous plaisez à répandre, comme de l'eau, le sang le plus noble et le plus pur; n'épargnez pas le mien; tout celui de mes ancêtres serait dans mes veines, que je l'aurais versé volontiers pour cette sainte cause.

Il reprit tranquillement sa place, et refusa de se lever de nouveau.

Mac-Combich le regarda d'un air calme, et se leva dans l'intention de parler; mais l'appareil de la cour, et la difficulté de traduire ses pensées dans une langue qui n'était pas la sienne, le privèrent de la parole. Les spectateurs firent entendre un murmure de compassion, persuadés que ce pauvre malheureux voulait faire va-

(1) Cette sentence entraîne la flétrissure, qui comprend la forfaiture ou confiscation, et la corruption du sang, privation de la noblesse qui atteint les enfans du condamné, etc. — Éd.

(2) Le président se couvre quand il va prononcer un jugement à mort. — Éd.

loir, pour excuser sa conduite, qu'il avait été forcé d'obéir à son chef. Le président fit faire silence, et encouragea Mac-Combich à parler.

— Milord, dit Evan avec le ton le plus insinuant qu'il put prendre, tout ce que j'allais dire était que, si Votre Excellence et l'honorable cour acquittaient Vich Ian Vohr, et le laissaient aller en France, à condition de ne plus troubler le gouvernement du roi Georges, six des plus braves de son clan se feraient exécuter pour lui. Si vous me laissiez aller à Glennaquoich, je vous les amènerais moi-même pour leur couper la tête ou les pendre, et vous commenceriez par moi.

Malgré la solennité du lieu, cette proposition extraordinaire excita une espèce de rire dans l'assemblée. Le président réprima cette indécence, et Mac-Combich, promenant ses regards autour de lui, dit d'un air de mépris : — Si messieurs les Saxons rient de ce qu'un pauvre malheureux ose croire que la vie de cinq à six personnes de son rang vaut bien celle de leur brave chef, ils ont raison de rire; mais, s'ils rient parce qu'ils croient que je ne tiendrais pas ma parole, et que je ne reviendrais pas, je puis leur dire qu'ils ne connaissent ni le cœur d'un Highlander, ni l'honneur d'un gentilhomme.

On ne fut pas tenté de recommencer à rire; le plus profond silence régna dans l'assemblée. Le président prononça la peine de mort contre les deux détenus, avec tous ses horribles accompagnemens, et l'heure de l'exécution fut fixée au lendemain.

— Pour vous, Fergus Mac-Ivor, ajouta-t-il, vous devez renoncer à tout espoir d'obtenir grace; préparez-vous à souffrir demain pour la dernière fois ici-bas, et à paraître devant un autre tribunal.

— C'est mon seul désir, répondit Fergus toujours avec la même fermeté. Une larme tomba des yeux de Mac-Combich, qui les avait tenus fixés sur le Chef.

— Quant à vous, pauvre ignorant, reprit le juge, vous qui, fidèle aux malheureux principes dans lesquels vous avez été élevé, venez de nous prouver que, d'après vos idées d'obéissance comme membre d'un clan, vous vous croyiez en droit de résister aux ordres du gouvernement, et de ne reconnaître pour chef qu'un ambitieux qui ne s'est servi de vous que comme de l'instrument de ses crimes;... quant à vous, dis-je, votre situation me touche; je ne puis m'empêcher de vous plaindre. Présentez une pétition pour obtenir votre grace; je ferai en sorte de l'obtenir pour vous : sinon...

— Grace pour moi! répondit Evan : je n'en veux point. Puisque vous devez verser le sang de Vich Ian Vohr, je n'ai rien à vous demander, sinon d'ordonner qu'on m'ôte mes fers, qu'on me rende ma claymore, et qu'on me permette de m'approcher de vous pendant deux minutes.

— Que son sang retombe sur sa tête! dit le président. Qu'on emmène les prisonniers.

Waverley, accablé sous le poids de ses douloureuses réflexions, fut entraîné par la foule sans s'en apercevoir, et ne revint à lui que dans la rue. Sa première idée fut de voir Fergus et de lui parler : il s'approcha du château, mais il fut repoussé. — Le grand shériff, lui dit un sous-officier, a donné l'ordre de ne laisser entrer personne, excepté le confesseur et la sœur du prisonnier.

— Et où est miss Mac-Ivor? — Il apprit que miss Mac-Ivor était dans la maison d'une ancienne famille catholique, non loin de Carlisle.

Repoussé de la porte du château, n'osant s'adresser, avec un nom proscrit, ni au grand-shérif, ni aux juges, il eut recours au solliciteur qui défendait son ami. Celui-ci lui dit qu'on craignait que l'opinion du public ne fût égarée si on laissait décrire les derniers momens des jacobites par les amis du Prétendant; d'où il avait été arrêté d'exclure de la prison tous ceux qui n'étaient pas de leurs proches : cependant (pour obliger l'héritier de Waverley-Honour) il promit de lui obtenir pour le lnedemain une permission de voir le prisonnier avant qu'on brisât ses fers pour l'exécution.

— Est-ce un songe? dit Waverley; est-ce de Fergus que l'on me parle? de Fergus si chevaleresque et si brave! de Fergus, le chef d'une tribu dévouée! Est-ce bien lui que j'ai vu guider les chasseurs, et puis combattre à la tête des siens? Fergus si vaillant, si actif, si jeune, si noble, l'amour des dames, le sujet du chant des bardes! — Est-ce lui qui est chargé de fers comme un malfaiteur? est-ce lui qui doit être traîné sur la claie au gibet, pour y subir une mort lente et cruelle, et y être mutilé par les mains du plus abject des hommes? Ah! il venait bien de l'enfer le spectre qui prédit un tel sort au brave chef de Glennaquoich.

Il pria d'une voix tremblante le solliciteur de prévenir Fergus de la visite qu'il lui ferait s'il en obtenait la permission, et retourna tristement à son auberge. Il écrivit ensuite à Flora Mac-Ivor un billet à peine intelligible, pour lui demander la permission de se présenter chez elle le soir même. Son messager revint bientôt avec une réponse ainsi conçue : — Quelque affreuse que soit la position de miss Flora Mac-Ivor, elle ne peut refuser la demande du meilleur ami de son frère.

Cette lettre était tracée d'une main que le malheur n'avait pu rendre tremblante.

Édouard n'eut besoin que de dire son nom pour être admis dans la maison qu'habitait miss Mac-Ivor. Il la trouva dans une antique salle, assise près d'une fenêtre grillée, occupée à coudre une espèce de vêtement de flanelle blanche. A peu de distance, une femme, qui paraissait étrangère et appartenir à une communauté religieuse, lisait un livre de prières catholiques. Lorsque cette personne vit entrer Waverley, elle posa son livre sur la table, et sortit. Flora se leva pour le recevoir, et lui tendit la main ; mais ils gardèrent l'un et l'autre le plus profond silence pendant quelques minutes. Le teint de Flora avait perdu sa fraîcheur ; elle paraissait exténuée. Ses vêtemens noirs faisaient ressortir d'une manière frappante la pâleur de ses mains et de son visage plus blanc que le marbre. Cependant, malgré tous ces signes de douleur, il n'y avait rien de négligé dans sa parure ; ses cheveux étaient encore arrangés avec soin, quoique sans ornement.

— L'avez-vous vu ? dit-elle d'une voix étouffée.

— Hélas non ! on m'a refusé....

— Ils ne s'écartent en rien de leurs principes.... Soumettons-nous.... Espérez-vous obtenir la permission de le voir ?

— Peut-être demain !.....

— Ah ! demain ou jamais... J'espère, ajouta-t-elle en levant les yeux au ciel, j'espère que nous nous reverrons dans une patrie plus heureuse ; cependant je serais charmée que vous puissiez le voir pendant qu'il est encore sur cette terre de misère.... Il vous a toujours aimé tendrement, — quoiqu'il soit inutile de parler du passé...

— Oui, c'est inutile! répéta Waverley.

— Et même de l'avenir, en tant qu'il est question des événemens de ce monde, continua Flora; — que de fois en effet ne me suis-je pas représenté cette horrible catastrophe! Que de fois ne me suis-je pas demandé si je pourrais la supporter! Ah! que j'étais loin de deviner toute l'amertume de ce moment!

— Chère Flora, si votre force d'âme.....

— Ah! oui, vous l'avez dit, — répondit-elle avec l'accent du délire. — Oui, il y a, M. Waverley, — il y a dans mon cœur un démon qui se plait à me dire sans cesse et tout bas, — mais ce serait folie de l'écouter, — que c'est cette force d'ame dont Flora était si fière qui a tué son frère.

— Grand Dieu! comment pouvez-vous exprimer une pensée si horrible?

— Oui, n'est-elle pas horrible? mais elle est là qui me poursuit comme un fantôme. Je sais que ce n'est qu'une vaine imagination; mais elle est là, — qui ne cesse d'effrayer mon esprit de ses fatales images, — et qui me dit que mon frère, aussi inconstant que passionné, aurait divisé l'énergie de son ame entre cent objets. C'est moi qui l'ai poussé à la concentrer et à tout risquer dans cette chance terrible! Oh! que ne lui ai-je dit une seule fois: — Mon frère, celui qui tire le glaive doit mourir par le glaive.... — Que ne lui ai-je dit une seule fois: — Restez paisible dans nos foyers, conservez votre vie et celle de vos vassaux pour des entreprises possibles! Mais, hélas! M. Waverley, je n'ai pas cessé d'exciter son ame ardente. Ah! c'est à sa sœur qu'il peut attribuer la moitié de son malheur.

Édouard s'étudia à combattre, par tous les argumens

qui lui vinrent à l'esprit, cette idée horrible. Il lui rappela qu'une même éducation avait donné à son frère les mêmes principes de devoir.

— Oh! ne croyez pas que je les aie oubliés, reprit-elle avec vivacité, je ne regrette pas son entreprise parce qu'elle était blâmable, — oh! non; là-dessus je suis forte; — mais parce qu'il était impossible qu'elle se terminât autrement que ce que nous voyons.

— Cependant, dit Édouard, elle n'a pas toujours paru si hasardeuse et si désespérée. D'ailleurs Fergus, dans son téméraire courage, eût embrassé cette cause que vous l'eussiez approuvé ou non. Vos conseils n'ont servi qu'à donner de l'unité et de la consistance à ses démarches; ils ont ennobli, mais non précipité sa résolution.

Flora avait repris son aiguille, et n'entendait plus Waverley.

— Ah! dit-elle ensuite avec un sourire effrayant, vous rappelez-vous m'avoir vue occupée à préparer ses rubans de fiancé; aujourd'hui je suis à coudre son habit de noces! Nos amis de cette maison, ajouta-t-elle en cherchant à maîtriser son émotion, doivent accorder une place en terre sainte dans leur chapelle aux restes sanglans du dernier Vich Ian Vohr!.... Mais le cercueil n'en recueillera qu'une partie : ..... non, sa tête!..... Je n'aurai pas même la triste satisfaction de coller mes lèvres sur les lèvres glacées de mon cher Fergus.

La malheureuse Flora, après quelques sanglots convulsifs, s'évanouit dans son fauteuil.

La religieuse, qui s'était tenue dans l'antichambre, entra avec empressement, et pria Waverley de quitter l'appartement, mais non la maison.

Au bout d'une demi-heure il fut rappelé. Miss Mac-Ivor était parvenue par un pénible effort à recouvrer le calme. Il crut que c'était le moment de parler de l'espoir qu'avait miss Bradwardine que Flora la regarderait comme une sœur adoptive et vivrait avec elle.

— Ma chère Rose m'a déjà écrit à ce sujet, répondit-elle : mais le chagrin est égoïste et exclusif; autrement je lui aurais répondu que même dans mon désespoir j'ai éprouvé un moment de plaisir en apprenant qu'elle pouvait espérer d'être heureuse, et que le bon baron Bradwardine avait échappé au naufrage général. M. Waverley, donnez ceci à ma chère Rose; c'est le seul ornement de quelque prix qu'ait sa pauvre Flora, et ce fut le don d'une princesse. Elle lui remit l'écrin qui contenait la chaîne de diamans qui parait habituellement ses cheveux. — Ces diamans, dit-elle, me sont désormais inutiles ; mes amis ont obtenu mon admission dans le couvent des bénédictines écossaises à Paris........ Demain........, si je survis au jour de demain...., demain.... je partirai avec cette respectable sœur.... Adieu, M. Waverley. Puissiez-vous trouver dans votre union avec ma chère Rose tout le bonheur que vous méritez l'un et l'autre..... J'espère que vous penserez quelquefois aux amis que vous avez perdus..... Adieu de nouveau ; ne cherchez plus à me revoir.

Elle tendit sa main à Waverley, qui l'inonda de larmes; et il sortit d'un pas mal assuré pour retourner à Carlisle. A l'auberge, on lui remit une lettre qui lui donnait avis qu'on lui accordait de voir Fergus le lendemain, aussitôt que les portes de la citadelle seraient ouvertes, et qu'il pourrait rester auprès de lui jusqu'au moment où le shérif donnerait le signal du fatal départ.

# CHAPITRE LXV.

*D'un adieu plus cruel le moment est venu,
Et du crêpe fatal le tambour est tendu.*

CAMPBELL.

Après avoir passé une nuit sans sommeil, Waverley se rendit de très-grand matin sur l'esplanade de la citadelle gothique de Carlisle, où il attendit long-temps avant que les portes fussent ouvertes, et que le pont-levis fût baissé. Il montra sa permission au sergent du poste, et fut admis.

Fergus était prisonnier dans le sombre appartement d'une vieille tour située au centre du château, et entourée de fortifications extérieures qui paraissaient dater au moins du règne d'Henri VIII. Au bruit des barres de fer et des verrous qu'on ôta pour faire entrer Édouard, répondit un bruit de chaines lorsque l'infortuné Chef se traîna sous le poids de ses lourdes entraves sur le pavé de sa prison pour venir se jeter dans les bras de son ami. — Mon cher Édouard, lui dit-il d'une voix ferme et même joyeuse, vous êtes un tendre ami! La nouvelle de votre bonheur prochain m'a fait le plus grand plaisir : comment se porte Rose et notre vieil ami l'original baron? très-bien, n'est-ce pas; vos regards me le disent. — Et comment déciderez-vous la question de préséance entre les trois hermines passant et l'ours avec le tire-botte?

— Mon cher Fergus, comment pouvez-vous parler de semblables choses dans un tel moment?

— Ah! convenez que nous sommes entrés tous deux dans Carlisle sous de plus heureux auspices, le 16 novembre dernier, lorsque nous arborâmes le drapeau blanc sur ses antiques tours; mais voulez-vous que je pleure comme un enfant parce que le sort m'a trahi? Je n'ignorais pas tout ce que je risquais; j'ai joué hardiment : je saurai m'acquitter bravement; mais puisque je n'ai que quelques momens à passer avec vous, parlons de ce qui m'intéresse le plus. — Le Prince a-t-il eu le bonheur d'échapper aux limiers?

— Oui, il est en lieu de sûreté.

— Ah! Dieu en soit loué! racontez-moi sa fuite.

Waverley lui fit le récit de tout ce qu'il avait entendu dire de cette histoire extraordinaire, que Fergus écouta avec le plus vif intérêt. Il le questionna ensuite sur plusieurs autres amis, et demanda particulièrement des nouvelles des hommes de son clan.

— Ils avaient moins souffert que les autres, lui dit Édouard, parce qu'aussitôt qu'ils eurent perdu leur chef, ils se débandèrent selon l'usage général des Highlanders; et comme ils n'étaient plus sous les armes lorsque l'insurrection fut étouffée, on les traita avec moins de rigueur. Fergus apprit ces détails avec une vive satisfaction.

— Mon cher Waverley, dit-il, vous êtes riche et vous êtes généreux : si vous appreniez jamais que les pauvres Mac-Ivors fussent tourmentés dans leurs montagnes par quelque agent du gouvernement, rappelez-vous que vous avez porté leur tartan, et que vous êtes un fils adoptif de leur race. Le baron, qui habite près de nous, et qui connaît nos usages, vous dira de quelle manière vous pourrez leur rendre service. Promettez au dernier Vich Ian Vohr que vous serez leur protecteur.

Comme on le croira sans peine, Édouard en donna sa parole; et il la tint si bien, que sa mémoire est encore en vénération à Glennaquoich, où il est connu sous le nom de l'ami des enfans d'Ivor.

— Que n'est-il en mon pouvoir, dit Fergus, de vous léguer mes droits à l'amour et à la fidélité de cette antique et brave race ! ou que ne puis-je du moins décider mon pauvre Evan à ne pas refuser la vie qu'on lui offre ! Que ne peut-il être pour vous ce qu'il a toujours été pour moi, le plus tendre....., le plus brave....., le plus dévoué !.....

Ses larmes, que son propre sort n'avait pu arracher de ses yeux, coulèrent sur celui de son frère de lait.

— Hélas ! reprit-il en les essuyant, ce n'est pas possible, vous ne pouvez être pour eux Vich Ian Vohr ! Ces trois mots magiques sont le seul *Ouvre-toi, Sésame* (1), continua-t-il en souriant, qui puisse com-

(1) C'est-à-dire le seul talisman. Fergus qui, dans sa douleur et

mander à leurs affections. Le pauvre Evan suivra son frère de lait à la mort, comme il l'a suivi dans la vie.

— Je puis vous assurer, dit Mac-Combich se levant de dessus le plancher, où il s'était tenu couché de peur d'interrompre leur conversation ; je puis vous assurer que je n'ai jamais eu d'autre désir que de mourir auprès de mon Chef.

— Puisque nous sommes à parler des clans, dit Fergus, voudriez-vous me dire ce que vous pensez de la prédiction du Bodach-Glas? — Et, prévenant la réponse d'Édouard, — Je l'ai revu cette nuit, à la lueur d'un rayon de la lune qui venait par cette haute et étroite fenêtre tomber au pied de mon lit. — Pourquoi le craindrais-je? ai-je pensé ; — demain à cette heure je serai depuis long-temps un être immatériel comme lui. — Esprit perfide, lui ai-je dit, viens-tu faire ta dernière visite sur la terre, et jouir de la chute du dernier descendant de ton ennemi? Que pensez-vous de tout cela, cher Waverley? J'ai fait la même question à mon confesseur, homme bon et éclairé : il m'a répondu que l'Église ne rejetait pas la possibilité de ces apparitions, mais que c'est notre imagination qui le plus souvent nous abuse. Qu'en pensez-vous?

— Je suis de son avis, répondit Édouard, qui voulait éviter d'engager une discussion sur cette matière.

Le respectable ecclésiastique entra pour administrer aux prisonniers les derniers secours de la religion selon les rites de l'Église de Rome. Édouard se retira. Il fut

---

sa courageuse résignation, s'efforce de mêler des images gaies à l'expression de ses regrets, fait allusion ici au conte oriental d'Ali-Baba et de quarante voleurs dont la trappe s'ouvre dès qu'on prononce ces mots : *Sésame, ouvre-toi.* — Éd.

rappelé au bout d'une heure environ; et bientôt un détachement entra, précédé d'un forgeron, pour ôter les fers des prisonniers.

— Mon ami, dit Fergus en souriant, vous voyez quel hommage on rend à la force et au courage des Highlanders. Ils nous ont tenus enchaînés comme des bêtes féroces jusqu'à paralyser nos jambes par l'étreinte de ces fers; et maintenant ils nous font garder par six hommes avec le fusil chargé, de peur que nous ne prenions la citadelle d'assaut.

Édouard sut par la suite que ces précautions avaient été prises depuis que les prisonniers avaient fait une tentative pour s'évader, tentative qui avait failli réussir.

Bientôt les tambours battirent aux champs. — Voici le dernier signal pour l'exercice que j'entendrai, dit Fergus; et maintenant, mon cher, mon cher Édouard, avant de nous quitter, parlez-moi de Flora..... Ah! ce nom éveille les émotions les plus tendres de mon cœur.

— Je ne vous quitterai point *ici*, dit Waverley.

— Il le faut, mon ami; vous ne pouvez m'accompagner plus loin. Ce n'est pas que je craigne pour moi ce qui va suivre, ajouta-t-il vivement, la nature a ses tortures aussi-bien que l'art.... Combien nous estimerions heureux l'homme qui échapperait aux angoisses d'une maladie mortelle et douloureuse dans l'espace d'une demi-heure: et ceci ne durera, qu'ils fassent comme ils voudront, ceci ne durera pas plus long-temps; mais le spectacle que peut soutenir un mourant est capable de tuer son ami. — Cette belle loi de haute trahison est un des bienfaits que doit la pauvre vieille Écosse à votre libre patrie, continua Fergus avec une fermeté et un sang-froid extraordinaires. Notre jurisprudence était plus douce. Mais un jour ou un autre, — quand il n'y aura plus de Highlanders sauvages pour en profiter, — je suppose que vos Anglais effaceront de leur code cette loi qui les assimile à une nation de cannibales : ils aboliront le spectacle que l'on donne au peuple en exposant les têtes des suppliciés. — Ah! ils n'auront pas l'esprit de mettre sur la mienne une couronne de comte en papier! — La satire ne serait pas mauvaise, Édouard. J'espère du moins qu'ils la placeront sur la porte du côté de l'Écosse, afin que, même après ma mort, mes yeux soient tournés vers les monts bleuâtres de ma terre natale, que j'aime si tendrement. Le baron aurait ajouté :

*Moritur et dulces moriens reminiscitur Argos* (1).

Un bruit de roues et de chevaux se fit entendre dans la cour du château.

— Je vous l'ai dit, Édouard, vous ne devez pas me suivre; et le bruit que j'entends m'avertit que mon heure approche. Apprenez-moi comment vous avez trouvé ma pauvre sœur.

Waverley, interrompu par ses sanglots, lui parla de la douleur de Flora.

— Pauvre Flora! s'écria le Chef. La sentence de ta mort t'eût moins désolée que la mienne. — Édouard, vous allez connaître le bonheur d'aimer et d'être aimé : puissiez-vous en jouir long-temps auprès de l'aimable Rose! Mais vous ne connaîtrez jamais ce sentiment si pur qui unit deux orphelins comme Flora et moi, restés en quelque sorte seuls sur la terre, se tenant lieu de tout depuis l'enfance. J'espère que ma pauvre Flora se conso-

(1) Il meurt en répétant le nom si doux d'Argos. — Éd.

lera après la première douleur de notre séparation, en songeant que j'ai rempli mon devoir ; oui, son enthousiasme de loyalisme la soutiendra; elle pensera à Fergus comme à ces héros de notre race dont elle aimait tant à s'entretenir.

— Ne la verrez-vous pas? elle semblait y compter.

— Mon ami, une feinte nécessaire lui épargnera ces cruels adieux... Je n'aurais pu me séparer d'elle sans répandre des larmes;... et il m'en coûterait de laisser croire à ces hommes qu'ils ont pu en arracher de mes yeux; on a donc fait croire à Flora qu'elle me verrait dans quelques heures, et cette lettre, que mon confesseur lui remettra, doit lui apprendre que tout est fini.

Un officier entra pour annoncer que le grand-shérif et son cortège attendaient à la porte de la citadelle, pour réclamer les corps de Fergus Mac-Ivor et d'Evan Mac-Combich.

— J'y vais, répondit Fergus; et donnant le bras à Édouard, il descendit les escaliers de la tour suivi de son confesseur et de Mac-Combich, avec les soldats qui fermaient la marche. La cour était occupée par un escadron de dragons et par un bataillon d'infanterie formant un carré. Au milieu de leurs rangs était la claie peinte en noir, attelée d'un cheval blanc. Le bourreau, homme hideux comme son emploi, et portant sa hache à la main, était assis à une extrémité de la voiture sinistre, et à l'autre restait un siège vide pour deux personnes. A travers le sombre arceau gothique qui s'ouvrait sur le pont-levis, on apercevait le grand shérif et sa suite; parce que l'usage ne lui permettait pas d'avancer plus loin sans empiéter sur les droits de l'autorité militaire.

— Voilà qui est bien disposé pour une scène de dénouement, dit Fergus avec un sourire dédaigneux.

— Voilà ces beaux dragons, s'écria vivement Mac-Combich, qui galopaient si vite à Gladsmuir, avant que nous en eussions tué seulement une douzaine : ils ont l'air assez vaillant aujourd'hui !

Le prêtre le pria de garder le silence.

La charrette s'approcha : Fergus, après avoir embrassé Waverley sur chaque joue, y monta d'un pas leste; Evan s'assit à son côté. Le prêtre devait suivre dans une voiture qui appartenait au gentilhomme chez qui Flora habitait momentanément. Comme Fergus tendait la main à Waverley, on fit serrer les rangs, et le cortège se mit en marche. On fit halte quelques momens à la porte de la citadelle, où le grand shérif devait recevoir les condamnés des mains de l'autorité militaire. — *God save the king* Georges! cria le grand shérif. Fergus se leva quand cette cérémonie fut finie, et cria d'une voix forte : — *God save the king* James! Ce furent les dernières paroles qu'Édouard entendit prononcer à son ami.

Le cortège se remit en marche, la charrette dépassa la voûte du portail où elle s'était arrêtée quelques instans. La marche de la mort se fit entendre, et à ses sons lugubres se mêlèrent les tintemens sourds des cloches de la cathédrale. Bientôt la musique militaire s'éloigna, et parut avoir cessé; la voix de l'airain retentit seule.

Le dernier des soldats avait franchi l'arceau sous lequel le détachement défilait naguère, — la cour était déserte; il n'y restait que Waverley, immobile, frappé de stupeur, fixant les yeux sur le passage où il avait rencontré le dernier regard de son ami. Enfin une servante du gouverneur, touchée de compassion en voyant sa muette douleur, l'invita à venir s'asseoir chez son maître. Elle réitéra plusieurs fois son invitation sans obtenir de réponse. Édouard, revenu de cet état de stupeur, remercia par des gestes la bonne fille, enfonça son chapeau sur ses yeux, sortit précipitamment du château, et traversa les rues solitaires de Carlisle jusqu'à son auberge, où il s'enferma dans un appartement. Au bout d'environ une heure, qui lui parut un siècle, il entendit le bruit des fifres et des tambours qui exécutaient un air vif; les voix confuses de la multitude qui remplissait les rues lui apprirent que la scène terrible était achevée. Je n'essaierai pas de peindre les sentimens qu'il éprouva.

Dans la soirée l'ecclésiastique lui rendit visite, et lui dit qu'il venait, d'après la recommandation de Fergus Mac-Ivor, pour lui dire qu'il était mort comme il avait vécu, et s'était souvenu de leur amitié jusqu'au dernier moment. Il ajouta qu'il avait vu aussi Flora, et qu'elle paraissait beaucoup plus tranquille depuis que tout était terminé. Le prêtre se proposait de quitter Carlisle le lendemain avec elle et sœur Thérèse, pour se rendre au port le plus voisin, et s'embarquer pour la France. Édouard remit à ce digne prêtre une bague de prix, ainsi qu'une somme assez forte, pour être employée en services catholiques en mémoire de son ami. Il pensait avec raison que Flora serait sensible à cette marque d'affection : — *Fungarque inani munere* (1), — se dit-il quand l'ecclésiastique fut sorti, cependant pour-

---

(1) Je m'acquitterai d'un devoir inutile. — Tr.

quoi ne pas classer les actes de souvenir avec les autres honneurs que l'amitié, dans toutes les sectes, adresse à la mémoire des morts.

Le lendemain, avant la pointe du jour, Édouard quitta Carlisle, se promettant bien de ne jamais rentrer dans ses murs. Il ne tourna qu'à demi la tête pour voir la porte gothique sous laquelle il passa, car la place est entourée d'un vieux rempart.

— Elles ne sont pas ici, dit Alick Polwarth qui devina le motif du regard incertain et timide que Waverley jeta derrière lui.

Alick avait été témoin de l'exécution et en avait rassasié ses yeux avec le plaisir que le peuple trouve toujours à ces horribles scènes. — Les têtes, dit-il, sont sur la porte d'Écosse, comme ils l'appellent : c'était dommage qu'Evan Dhu, le brave homme! fût un Highlander. — Le laird de Glennaquoich aussi avait un bon cœur quand il n'était pas dans ses accès de colère.

## CHAPITRE LXVI.

*Dulce Domum.*

L'IMPRESSION d'horreur que le séjour de Carlisle avait produite sur l'esprit d'Édouard fut remplacée peu à peu par une mélancolie moins pénible. Ce changement fut presque entièrement le résultat de l'obligation, triste et consolante tout à la fois, d'écrire à miss Bradwardine. Sans chercher à cacher les sentimens douloureux dont il était pénétré, il chercha du moins à ne pas trop effrayer l'imagination de Rose, et à son tour il se familiarisa lui-même avec le tableau tel qu'il l'avait tracé pour ménager la sensibilité d'une autre. Ses lettres devinrent par degrés moins tristes, et il osa y parler d'un avenir plus heureux; cependant il ne put, de quelque temps encore, chercher comme autrefois de douces sensations dans les scènes de la nature.

Mais en approchant du lieu de sa naissance, il commença, pour la première fois depuis Édimbourg, à éprouver ce plaisir qu'un pays cultivé, et animé par une nombreuse population, cause presque toujours à ceux qui viennent de quitter ces lieux déserts où tout est solitude et grandeur sauvage. Combien ces sensations furent plus vives encore quand il revit l'antique domaine de ses pères, qu'il reconnut les vieux chênes du parc de Waverley, et songea avec quel plaisir il amènerait Rose dans ces sites favoris. Bientôt les tours du château s'élevèrent au-dessus des arbres qui l'entouraient. Édouard se jeta enfin dans les bras de ces respectables parens à qui il devait tant de reconnaissance et d'affection.

Le bonheur de cette entrevue ne fut troublé par aucun mot de reproche. Malgré toute la peine qu'avaient éprouvée sir Everard et mistress Rachel, le parti qu'Édouard avait pris d'entrer au service périlleux du jeune Chevalier était trop d'accord avec leurs propres principes pour qu'ils pussent le blâmer. Le colonel Talbot avait préparé les voies, en faisant l'éloge de son courage, et surtout en appuyant sur la générosité qu'il avait montrée à Preston. Sir Everard et sa sœur se représentaient leur neveu combattant corps à corps contre un officier renommé par sa bravoure, le faisant prisonnier, et lui sauvant la vie; dans leur enthousiasme, ils le plaçaient à côté des Wilibert, des Hildebrand, des Nigel, ces héros si vantés de leur race.

Les traits de Waverley s'étaient brunis, et avaient désormais un air plus mâle, qui, joint à sa taille plus développée, et à l'espèce de dignité qu'il devait aux habitudes de la discipline militaire, confirmait la vérité des récits du colonel, et surprenait en les charmant tous les habitans de Waverley-Honour : ils accouraient tous pour le voir, l'écouter, et célébrer ses louanges. M. Pembroke, qui secrètement vantait son courage pour avoir embrassé la véritable cause de l'Église d'Angleterre, lui reprocha avec douceur le peu de soin qu'il avait pris de ses précieux manuscrits. — Cette négligence lui avait causé quelques désagrémens personnels. Lorsque sir Everard fut arrêté par un messager du roi, il avait jugé prudent de se cacher dans le trou du prêtre (asile ainsi nommé à cause de l'usage auquel il avait déjà servi dans d'autres temps). Le sommelier n'osait y venir qu'une fois par jour, aussi avait-il été obligé plusieurs fois de manger son dîner froid ou moitié chaud, ce qui est pire; sans compter que quelquefois il se passait deux et trois jours sans que son lit fût refait.

Édouard se rappela involontairement le *Patmos* du baron de Bradwardine, si content de la cuisine de Jeannette et de la paille de sa retraite dans un rocher. Mais il s'abstint de faire la moindre observation sur un contraste qui n'aurait pu que mortifier son précepteur.

Tout était en mouvement à Waverley-Honour pour les préparatifs des noces d'Édouard, événement que le bon baronnet et mistress Rachel regardaient comme le renouvellement de leur jeunesse. Comme l'avait dit le colonel Talbot, le mariage leur paraissait en tous points sortable; car il ne manquait à Rose que cette richesse dont ils avaient eux-mêmes bien assez. M. Clippurse reçut donc l'ordre de se rendre au château sous des auspices plus heureux que ceux dont nous avons parlé au commencement de cette histoire. Mais M. Clippurse ne vint pas seul; car se faisant vieux, il s'était associé un neveu, ou jeune vautour (comme aurait pu l'appeler notre Juvénal anglais (1), à qui nous devons le conte de Swallow le procureur). L'oncle et le neveu opéraient sous le nom de MM. Clippurse et Hookem. Ces respectables personnages, d'après leurs instructions, devaient dresser le contrat avec autant de libéralité que si Édouard épousait l'unique héritière d'un pair, avec les domaines paternels attachés à son hermine.

Mais avant d'entrer dans un sujet dont les délais sont proverbiaux, je dois faire une comparaison au lecteur : qu'il se rappelle le voyage d'une pierre que fait rouler en bas d'une montagne l'écolier joueur, passe-temps dans lequel j'étais moi-même expert dans mes jeunes années : la pierre descend d'abord lentement, elle dévie pour éviter les moindres obstacles qui l'arrêtent; mais quand elle a atteint toute sa force d'impulsion et s'approche du terme de sa carrière, elle se précipite comme la foudre, franchit un long espace à chaque bond, saute par-dessus les fossés et les haies comme un chasseur du Yorkshire, et court avec d'autant plus de rapidité qu'elle est plus près du moment où elle va être condamnée à un éternel repos. Telle est la marche d'une histoire comme celle-ci; les premiers événemens sont détaillés avec soin, afin que le lecteur se familiarise avec chaque personnage par ses actions plutôt que par l'intermédiaire ennuyeux d'un portrait direct; mais quand la conclusion arrive, nous nous arrêtons à peine un

(1) L'auteur désigne par ce titre le poète Crabbe. L'histoire de Swallow se trouve dans *the Borough*, le Bourg (*la petite ville*).
Éd.

moment sur les circonstances les plus importantes que l'imagination doit avoir anticipées, et nous vous laissons, cher lecteur, supposer tout ce que nous ne pourrions vous décrire longuement sans abuser de votre patience.

Nous sommes donc si peu disposés à vouloir suivre dans tous les détails de leur métier MM. Clippurse et Hookem, ou ceux de leurs confrères qui furent chargés de réclamer la réhabilitation d'Édouard et de son futur beau-père, que nous ne pouvons qu'effleurer légèrement des matières plus intéressantes. Par exemple les épîtres qui furent échangées dans cette occasion entre sir Everard et le baron, quoique d'incomparables modèles d'éloquence dans leur genre, doivent être livrées à l'inexorable oubli. Je ne puis même vous dire tout au long comment la bonne tante Rachel, non sans rappeler par une allusion tendre et délicate le sacrifice que Rose avait fait des bijoux de sa mère pour obtenir le secours de Donald Bean Lean, garnit son écrin d'une parure de diamans dont une duchesse aurait pu être jalouse. C'est au lecteur à daigner deviner encore que Job Houghton et sa femme furent convenablement pourvus, quoiqu'on ne pût parvenir à leur persuader que leur fils était mort autrement qu'en combattant au côté du jeune Squire : tellement qu'Alick, qui, grand ami de la vérité, avait fait tous ses efforts pour leur expliquer ce qui s'était passé réellement, reçut enfin l'ordre de ne plus dire un mot sur ce sujet. Il se dédommagea, il est vrai, par ses récits de grandes batailles, d'exécutions sanglantes, de carnage et d'exploits audacieux qui faisaient l'admiration et l'étonnement des domestiques du château.

Mais, quoique ces importantes matières n'occupent pas plus de place dans une histoire, que le rapport d'un procès en chancellerie dans les papiers publics, cependant, malgré toute la diligence que put faire Waverley, les lenteurs de la justice, jointes à celles des voyages à cette époque, firent écouler plus de deux mois avant qu'il arrivât chez le laird de Duchran pour réclamer la main de sa fiancée.

L'époque de la célébration du mariage fut fixée au sixième jour suivant. Le baron de Bradwardine, pour qui les noces, les baptêmes, les enterremens, étaient des jours fériés de la plus haute importance, fut un peu contrarié lorsque, après avoir compté tous les convives, il vit qu'il n'y aurait pas plus de trente personnes, en y comprenant les membres de la famille de Duchran et tous les gens du voisinage qu'on pouvait convenablement y appeler.

— Lors de mon mariage, disait-il en soupirant, je fus accompagné par trois cents gentilshommes à cheval suivis de leurs domestiques, sans compter vingt ou quarante lairds des Highlands, qui n'allaient jamais qu'à pied.

Mais ce qui consola son orgueil fut la réflexion que son gendre et lui ayant pris naguère les armes contre le gouvernement, il pourrait être alarmé, ou du moins offensé, s'il voyait tous les parens, amis et alliés des deux familles, réunis et armés avec tout l'appareil de la guerre, comme c'était l'usage antique de l'Écosse en de semblables occasions. — D'ailleurs, ajouta-t-il avec un soupir, combien d'amis pour qui ce beau jour aurait eu tant de charmes, sont maintenant dans un séjour plus heureux que ce bas monde, ou gémissent dans l'exil loin de leur patrie !

Le mariage eut lieu au jour fixé. Le respectable

M. Rubrick, parent du seigneur de Duchran, et chapelain du baron de Bradwardine, eut la satisfaction de donner la bénédiction nuptiale aux deux époux. Francis Stanley, qui était venu exprès, fut le garçon de noces. Le colonel Talbot et son épouse avaient eu le projet d'assister à la cérémonie; mais la santé de lady Émilie ne lui permit pas de faire le voyage. En revanche, ils écrivirent aux nouveaux mariés, pour les prier, ainsi que le baron, de ne partir pour le château de Waverley qu'après leur avoir fait l'amitié de passer quelques jours dans une terre que le colonel venait d'acheter en Écosse, par un excellent marché, et où il se proposait de demeurer pendant quelque temps.

# CHAPITRE LXVII.

> « Ce n'est pas là ma maison,
> Ou ma maison s'est beaucoup embellie. »
> *Ancienne ballade.*

Les gens de la noce voyagèrent dans *le grand style*. Sir Everard avait donné à son neveu une voiture à six chevaux, et dont l'élégance toute moderne et la magnificence éblouirent la moitié de l'Écosse. Il y avait aussi la voiture de M. Rubrick : ces deux carrosses étaient remplis de dames, et escortés par des gentilshommes à cheval, avec leurs domestiques, au nombre de vingt. Cependant, sans avoir devant les yeux la peur de la famine, le bailli vint à la rencontre du cortège sur la route, pour demander qu'on daignât passer par sa maison du petit Veolan. Le baron ne revenait pas de sa surprise, et il répondit que son fils et lui iraient certainement à cheval jusqu'au petit Veolan rendre visite au bailli; mais qu'ils ne pouvaient penser à conduire avec eux tout le *comitatus nuptialis*, c'est-à-dire le cortège nuptial. — Il était charmé, ajouta-t-il, puisque la baronnie avait été vendue par son indigne possesseur, que le nouveau *dominus* ou propriétaire, eût rétabli dans sa place son vieil ami Duncan.

Le bailli salua en faisant le plongeon, avec toutes les simagrées qu'il faisait dans ces occasions, et insista sur son invitation. Le baron, quoique piqué peut-être de ses instances opiniâtres, comprit qu'il ne pourrait refuser sans trahir certaines sensations qu'il était très-jaloux de dissimuler.

Il tomba dans une profonde rêverie en s'approchant de l'avenue; mais il tressaillit tout à coup en voyant les créneaux rétablis, les décombres enlevés, et (ce qui lui parut plus merveilleux encore) les deux ours en pierre, Dagons (1) mutilés, objets de son idolâtrie, en faction à leur poste accoutumé. — Je vois, dit-il à Édouard, que le nouveau possesseur a montré, depuis le peu de temps qu'il est le maître ici, plus de *gusto*, comme disent les Italiens, que n'en a acquis dans toute sa vie, *vitâ adhuc durante*, quoique je l'eusse élevé ici moi-même, ce chien de Malcolm. Mais, à propos de chien, ne vois-je pas Ban et Buscar qui viennent dans l'avenue avec Davie Gellatley.

— Il me semble que nous ferions bien d'aller au-devant de lui. Je crois que le maître actuel du château est le colonel Talbot, qui sans doute s'attend à notre visite. Nous avions craint d'abord de vous dire qu'il avait

(1) Allusion au Dagon, idole des Philistins. — Éd.

acheté votre ancien domaine patrimonial; et même encore, si vous ne voulez pas lui faire visite, nous pouvons nous rendre directement chez le bailli.

Le baron eut besoin de toute sa force d'ame; cependant il soupira, et prit lentement sa prise de tabac. — Allons, dit-il, puisqu'on m'a amené si loin, je ne passerai pas devant la porte sans voir le nouveau seigneur de mes anciens tenanciers : je serai charmé de le saluer.

Il mit pied à terre en conséquence, et chacun l'imita. Il donnait le bras à sa fille, et, en descendant sous l'avenue, il lui fit remarquer comme le *Diva pecunia*, le dieu Argent des Anglais, leur divinité tutélaire, comme il pouvait l'appeler, avait, en peu de temps, fait disparaître toutes les traces de la dévastation.

En effet, non-seulement on avait enlevé les arbres détruits, en arrachant jusqu'à leurs racines, mais encore la terre avait été nivelée tout autour et semée de gazon, si bien qu'il n'y avait que des yeux familiarisés avec le lieu qui pussent dire qu'il avait été récemment ravagé. L'homme extérieur, chez Davie Gellatley, avait subi une réforme analogue : il s'arrêtait par intervalles, dans l'allée, pour admirer le nouveau costume qui décorait sa personne, et qui avait les mêmes couleurs que l'ancien, mais d'une étoffe assez fine pour parer Touchstone lui-même (1). Il dansa avec ses mines habituelles, d'abord pour le baron, ensuite pour Rose, en passant ses mains sur ses habits, et s'écriant : — Brave, brave (2)

---

(1) Touchstone est un des *Clowns* les plus originaux de Shakspeare dans la pièce de *As you like it*, *Comme il vous plaira*. Ce Touchstone est un fou de cour. — Éd.

(2) Dans le sens de *bien vêtu*. — Tr.

Davie! mais pouvant à peine chanter un refrain de ses mille et une chansons dans la joie extravagante qui le mettait hors d'haleine.

Les chiens témoignèrent aussi par mille et mille gambades la joie de revoir leur maître.

— Sur mon honneur, Rose, dit le baron à sa fille, la reconnaissance de ce pauvre innocent et de ces animaux m'arrache des larmes de plaisir, tandis que ce misérable Malcolm..... Mais je suis bien obligé au colonel Talbot d'avoir eu tant de soin de mes chiens et de ce pauvre Davie. Ma chère Rose, nous ne devons pas souffrir qu'ils soient plus long-temps une charge viagère pour sa propriété.

Il parlait encore lorsque lady Émilie, appuyée sur le bras de son époux, vint recevoir ses hôtes à la seconde porte, avec tous les témoignages d'une joie franche.

Après la cérémonie des présentations, qui fut beaucoup abrégée par l'aisance et l'excellente éducation de lady Talbot, elle s'excusa d'avoir usé d'artifice pour attirer le baron et sa fille dans un lieu qui devait leur retracer quelques pénibles souvenirs.—Mais, dit-elle, comme ce domaine est sur le point de changer de maître, nous désirions que M. le baron...

— M. Bradwardine, madame, s'il vous plaît, reprit vivement le vieillard.

— Eh bien! nous avons désiré que M. Bradwardine et M. Waverley vissent ce que nous avons fait pour rétablir la demeure de vos ancêtres dans son premier état.

Le baron s'inclina respectueusement. Dans le fait, en entrant dans la cour, il retrouva tout comme il l'avait laissé lorsqu'il avait pris les armes quelques mois auparavant. Il fallait pourtant en excepter les écuries, que les flammes avaient entièrement consumées, et qui étaient remplacées par un édifice plus commode et plus pittoresque. Le colombier était repeuplé; la fontaine fournissait de l'eau avec son abondance ordinaire; non-seulement on avait rétabli l'ours qui s'élevait au-dessus du bassin, mais encore tous les autres ours étaient replacés sur leur piédestal, et renouvelés ou réparés, comme s'ils n'en avaient jamais été renversés. D'après les soins accordés à ces accessoires, le lecteur s'imagine bien que l'intérieur de la maison avait été également restauré, ainsi que la terrasse et les jardins, où tout avait repris son aspect primitif. Le baron regardait avec une surprise muette : enfin il s'adressa au colonel Talbot en ces termes :

— Tout en reconnaissant l'obligation que je vous dois, monsieur, pour avoir restauré les emblèmes de ma famille, je ne puis qu'être étonné que vous n'ayez posé nulle part vos propres armoiries, c'est-à-dire un mâtin, je crois, appelé communément un talbot. Le poète le dit :

A talbot strong — a sturdy tyke (1).

Tel est, du moins, le cimier des armoiries des comtes de Shrewsbury, auxquels votre famille est sans doute alliée.

— Je crois, dit le colonel, que nos chiens sont de la même lignée. Pour moi, si les armoiries pouvaient se disputer sur la préséance, je serais assez porté à les

---

(1) Un fier talbot, — un chien de race. — Tr.

laisser faire; et, comme dit le proverbe, — *Bon chien, bon ours !*

Tout en faisant cette harangue, pendant laquelle il avait épuisé longuement une seconde prise de tabac, le baron entrait dans la maison avec Rose, lady Émilie, le jeune Stanley, et le bailli. Waverley, avec le reste de la compagnie, s'était arrêté sur la terrasse pour admirer une nouvelle serre ornée de plantes rares. Le baron revint à son sujet favori : — C'est sans doute une fantaisie, colonel, qui vous a fait préférer les armes d'un autre à celles de votre famille ? J'ai connu plusieurs de vos compatriotes, hommes d'honneur et de noble naissance, qui en faisaient de même : cependant je dois vous rappeler que votre écusson est très-ancien, aussi-bien que celui de mon jeune ami Francis Stanley, qui porte un aigle et un enfant !....

— L'*oiseau* et le *poupon*, comme on l'appelle en Derbyshire, dit Stanley.

— Vous êtes un mauvais plaisant, monsieur, reprit le baron, qui avait pris ce jeune homme en grande amitié, sans doute parce qu'il se plaisait à le contrarier ; — vous êtes un mauvais plaisant, et il faudra que je vous corrige un de ces jours (il lui montrait son poing fermé en parlant ainsi). Mais je voulais dire, colonel Talbot, que votre race est une noble *prosapia*, ou origine ; et, puisque vous avez légalement et justement acquis pour vous et les vôtres ce domaine perdu pour moi et les miens, je souhaite qu'il reste votre propriété aussi long-temps qu'il a été celle des aïeux de son dernier propriétaire.

— C'est là, M. Bradwardine, un souhait généreux.

— Et cependant, colonel, je ne puis que vous témoigner encore combien je suis étonné que vous, qui aviez tant l'*amor patriæ*, l'amour de votre pays (comme j'ai pu m'en convaincre lorsque j'ai eu l'honneur de vous voir à Édimbourg), vous ayez pu vous décider à transplanter vos lares, ou dieux domestiques, *procul à patriæ finibus*, si loin de votre pays, et à vous expatrier en quelque sorte!

—Oh! vraiment, mon cher baron, je ne vois pas pourquoi, afin de garder le secret de ces deux jeunes fous, Stanley et Waverley, et de ma femme, qui n'est guère plus sage, un vieux militaire en imposerait à un autre plus long-temps. Il faut donc que vous sachiez que je conserve tellement cet amour de mon pays, que la somme que j'ai avancée au vendeur de cette belle et vaste baronnie n'a servi qu'à me faire acquérir une petite propriété du comté de..... qu'on appelle Brerewood-Lodge, n'ayant que deux cent cinquante acres de terre environ, mais dont le principal mérite est d'être située à quelques milles de Waverley-Honour...

—Et qui donc, au nom du ciel, a acheté la baronnie?

—Cette explication, dit le colonel, regarde la profession de monsieur le bailli.

Le bailli, pendant cette conversation, se tenait sur un pied, et puis sur l'autre, avec tous les signes de l'impatience,—semblable, comme il le dit lui-même depuis, à une poule qu'on placerait vivante sur l'ustensile destiné à faire des rôties, lorsqu'on le retire du feu—(1). Il s'avança enfin avec un gros rire qu'il aurait pu comparer de même au gloussement de ladite poule dans le triomphe de sa ponte : — Me voici, me voici prêt à la donner à Votre Honneur, cette explication,

(1) En écossais au *Girdle*.—Tr.

dit-il en tirant de sa poche une liasse de papiers dont il enleva le cachet d'une main tremblante d'empressement. — Voilà un acte en bonne et légale forme, signé par Malcolm Bradwardine, d'où il *appert* qu'au moyen d'une somme qu'il a reçue comptant, en livres sterling, il a aliéné, cédé, vendu les terres de la baronnie Bradwardine, Tully-Veolan, avec la tour, le manoir, et.....

— Pour l'amour du ciel, venez au fait, je sais tout cela par cœur, lui dit le colonel.

— A Cosme Comyne Bradwardine, esq., poursuivit le bailli, à lui et à ses hoirs et ayant-cause, pour être possédés *a me vel de me* (1).

— Je vous prie, un peu plus vite, monsieur le bailli.

— Colonel, sur ma conscience d'honnête homme, je vais aussi vite qu'on peut le faire convenablement. — Sous la réserve expresse.....

— En vérité, mon cher Macwheeble, ce serait long comme un hiver de Russie; laissez-moi achever : — En un mot, monsieur Bradwardine, vous êtes de nouveau propriétaire de tous les biens de votre famille, propriétaire avec tous vos droits; ils ne sont grevés que de la somme que le vendeur a reçue, et qui, m'assure-t-on, est au-dessous de leur valeur.

— Chanson! chanson que tout cela; n'en déplaise à Vos Honneurs, s'écria le bailli en se frottant les mains, regardez le livre des rentes annuelles.

— Laquelle somme, ajouta le colonel, provenant des deniers de M. Waverley, surtout de la vente qu'il m'a faite de la propriété de son père, est assurée à votre fille et à sa famille par contrat de mariage.

— C'est une donation avec garantie, s'écria le bailli

(1) Par lui ou à ceux qui le tiendraient de lui. — Éd.

faite à Rose Comyne Bradwardine, *alias* Waverley, sa vie durant, et aux enfans dudit mariage comme fieffataires, et j'ai dressé la petite minute d'un contrat avant mariage, *intuitu matrimonii*, de sorte qu'elle ne peut être sujette à réduction, comme une donation entre mari et femme, *inter virum et uxorem*.

Il serait bien difficile de décider si le digne baron fut plus satisfait de cette restitution de son domaine patrimonial, que de l'attention délicate qu'on avait mise à le laisser maître d'en disposer librement à sa mort, en évitant jusqu'à l'apparence de le lier par une obligation pécuniaire. Après que les premières émotions de sa joie furent un peu calmées, sa pensée se porta sur cet indigne parent qui, disait-il, semblable à Esaü, avait vendu ses droits pour une soupe de lentilles.

— Mais, qui a préparé cette soupe pour lui? s'écria le bailli; je voudrais bien le savoir? — qui, si ce n'est Duncan Macwheeble, le très-humble serviteur de Votre Honneur? Son Honneur le jeune M. Waverley a tout remis entre mes mains depuis le commencement. — Depuis la première citation, pourrais-je dire, je les ai circonvenus; — j'ai joué avec eux au Revenant autour des buissons (1); — je les ai cajolés; et, si je ne leur ai pas fait voir un bon tour, Inchgrabbit et James Howie n'ont qu'à le dire eux-mêmes: Howie un procureur! Je n'ai pas voulu aller les trouver tout droit avec le jeune fiancé pour leur faire renchérir le marché. Non!

(1) *Bogle about the bush*, espèce de jeu de *cache-cache*. Celui qui fait le revenant cherche les autres qui se cachent derrière les buissons, etc. Le bailli veut dire qu'il s'est familiarisé avec Inchgrabbit et Howie, qu'il a joué au plus fin avec eux, et qu'il a bien su les trouver. — Éd.

non! je leur ai fait peur de nos méchans tenanciers et des Mac-Ivors qui ne sont pas encore calmés, si bien qu'ils n'osaient plus passer le seuil de leur porte après le coucher du soleil, de peur que John Heather-Blutret ou quelque autre garnement semblable ne leur fît sentir le poids de son bras. Puis, d'un autre côté, je leur ai rebattu les oreilles du colonel Talbot. —Voudraient-ils vendre trop cher à l'ami du duc? ne savaient-ils pas qui était le maître? n'en avaient-ils pas assez vu par le triste exemple de maint pauvre diable égaré?

—Qui a été à Derby, par exemple, M. Macwheeble, lui dit le colonel tout bas.

—O chut! colonel, pour l'amour de Dieu, laissez cela de côté. Il y a bien des honnêtes gens qui sont allés à Derby, et, ajouta Macwheeble en regardant le baron qui semblait rêver profondément,—ce n'est pas bien de parler de cordes dans.....

Le baron sortit de sa rêverie comme en sursaut, prit Macwheeble par le bouton de son habit, et le conduisit dans l'embrasure d'une fenêtre, d'où il ne parvint aux oreilles des autres personnes présentes que des fragmens de leur conversation. Il était certainement question de parchemins et de papier timbré, car quoique ce fût son patron qui l'entretînt, et son patron redevenu propriétaire, aucun autre sujet n'aurait pu absorber au même degré l'attention du bailli.

— Je comprends parfaitement Votre Honneur, cela peut se faire aussi facilement qu'un acte par absence.

— A elle et à lui après mon décès, et à leurs héritiers mâles; mais de préférence à leur second fils, si Dieu leur en accorde deux, qui portera le nom et les armes de Bradwardine-Bradwardine, sans autre nom et sans autres armoiries.

— Fort bien, Votre Honneur. Je ferai un petit *memorandum* ce matin : il n'en coûtera qu'une charte de résiliement *in favorem*, et je me la procurerai pour le prochain terme à la cour de l'échiquier (1).

Cette conversation particulière était terminée lorsque le baron fut appelé à faire les honneurs de Tully-Veolan à de nouveaux hôtes. C'étaient le major Melville de Cairnvreckan et le révérend M. Morton, suivis de deux ou trois autres connaissances du baron qui avaient appris sa réintégration dans le domaine de ses pères.

On entendit aussi les cris de joie des paysans dans la cour. M. Saunderson, qui, depuis plusieurs jours, gardait le secret avec une louable discrétion, avait donné pleine carrière à sa langue en voyant arriver les voitures.

Mais pendant qu'Édouard recevait le major avec politesse, et donnait les marques du plus tendre attachement à M. Morton, son beau-père semblait un peu gêné, ne sachant trop comment il pourrait remplir les devoirs de l'hospitalité envers ses hôtes, et encourager la joie de ses tenanciers. Lady Émilie s'empressa de le tirer d'embarras en lui disant que, quoiqu'elle fût loin de pouvoir représenter mistress Édouard Waverley en bien des choses, elle espérait toutefois que le baron approuverait les préparatifs qu'elle avait faits dans l'attente d'un si grand nombre d'hôtes; ils trouveraient du moins un repas qui ne serait pas tout-à-fait indigne de l'an-

---

(1) Tribunal où se jugent toutes les affaires de revenus, de finances, etc. — Éd.

cienne hospitalité de Tully-Veolan. Il est impossible de décrire le plaisir que cette assurance fit au baron. Avec un air de galanterie qui tenait à la fois d'un laird écossais et d'un officier français, il offrit le bras à l'aimable lady pour la conduire dans la salle à manger, où il devança le reste de la compagnie, en marchant comme s'il allait danser un menuet.

Graces aux instructions et au zèle de Saunderson, tout était arrangé dans cette pièce, ainsi que dans les autres, de manière à laisser croire qu'il n'y avait eu de changement. Lorsqu'on avait été forcé de remplacer quelques meubles, on avait eu soin de leur donner un air de ressemblance avec l'ancien mobilier; cependant le baron en aperçut un nouveau qui lui fit venir les larmes aux yeux : c'était un grand tableau représentant Fergus Mac-Ivor et Waverley en costume de Highlanders. Le lieu de la scène était un défilé sauvage des montagnes, et sur l'arrière-plan on voyait descendre le clan des Mac-Ivors. Ce tableau, fait d'après une esquisse qu'un jeune dessinateur avait tracée à Édimbourg, avait été exécuté en grand par un habile peintre de Londres. Raëburn (1) lui-même (dont les chefs écossais semblent vivans sur la toile) n'aurait pas mieux traité ce sujet. Le caractère ardent, fier et impétueux du malheureux chef de clan, contrastait d'une manière frappante avec l'air mélancolique, enthousiaste et rêveur de son ami plus heureux. A côté du tableau étaient suspendues les armes qu'Édouard avait portées dans la malheureuse guerre civile. Ce tableau fut généralement admiré.

(1) Peintre distingué d'Édimbourg; Raëburn a fait, entre autres, un beau portrait de sir Walter Scott qui décorait le salon de M. Constable. — ÉD.

Il faut manger, cependant, malgré de touchans souvenirs et l'admiration d'un chef-d'œuvre ; et le baron, se plaçant au bas bout de la table, voulut que lady Émilie en fît les honneurs pour donner une leçon au jeune couple. Après avoir rêvé un moment au moyen de résoudre la question de préséance entre l'église presbytérienne et l'église épiscopale d'Écosse, il pria M. Morton, comme étranger, de bénir la table, en faisant observer que M. Rubrick, qui était *de la maison*, dirait les graces pour remercier le ciel des faveurs distinguées qu'il en avait reçues.

Le dîner fut excellent ; Saunderson servait en grand costume avec tous les domestiques subalternes qu'on avait réunis, excepté deux dont on n'avait plus entendu parler depuis l'affaire de Culloden. Les caves du baron avaient été garnies d'un vin qui fut proclamé excellent, et l'ours de la fontaine donna de l'excellent punch à l'eau-de-vie pendant toute la soirée, au bénéfice de la classe inférieure.

Lorsqu'on eut desservi, le baron, au moment de proposer un toast, jeta tristement les yeux sur le buffet encore chargé de la plus grande partie de sa vaisselle d'argent, qu'on était parvenu à sauver du pillage, ou qui avait été rachetée aux soldats par les gentilshommes du voisinage, et rendue de bon cœur au propriétaire.

— De ce temps-ci, dit-il, ceux-là doivent s'estimer heureux qui ont conservé leur vie et leurs biens ; cependant, en prononçant le *toast*, je ne puis m'empêcher de regretter un meuble de famille, lady Émilie ; — un *poculum potatorium*, colonel Talbot.

Ici le baron se sent toucher l'épaule ; il se retourne, et voit dans les mains de son majordome *Alexander ab*

*Alexandro* la fameuse coupe de Saint-Duthac, l'ours sacré de Bradwardine. Je doute que la restitution de son domaine lui eût causé autant de joie!—Sur mon honneur, dit-il, on pourrait presque croire aux *brownies* (1) et aux fées en votre présence.

—Je suis charmé, dit le colonel Talbot, d'avoir eu le bonheur de vous rendre cet antique meuble de famille, et de vous donner par-là une preuve du tendre intérêt que je porte à tout ce qui tient à mon jeune ami Édouard. Pour que vous n'accusiez pas mon Émilie d'être une magicienne, ni moi un sorcier (ce qui serait un très-mauvais renom en Écosse), il est bon que vous sachiez que votre ami Frank Stanley, qui a été saisi d'une fièvre du *Tartan* depuis qu'Édouard lui a fait ses histoires des usages antiques d'Écosse, nous avait fait la description de cette coupe extraordinaire. Spontoon, mon domestique, qui, comme tous les vieux soldats, observe beaucoup et parle peu, me dit qu'il croyait avoir vu la coupe décrite par M. Stanley entre les mains de mistress Nosebag. Cette femme, qui avait été jadis la moitié d'un brocanteur, avait trouvé l'occasion dans les derniers troubles d'Écosse de faire un peu de son ancien commerce : ce qui l'avait rendue la dépositaire des objets les plus précieux dont les soldats s'étaient emparés. Vous vous imaginez bien que la coupe fut aussitôt achetée, et je m'estimerai très-heureux si je puis croire que ce meuble n'a pas diminué de prix à vos

---

(1) Le *Brownie* est un lutin domestique qui veille surtout au *mobilier* d'une maison d'Écosse ; mais il n'est mentionné ici qu'en passant. Nous aurons l'occasion de consacrer une plus longue note à cette espèce de dieu Lare. — Éd.

yeux parce que le colonel Talbot a contribué à vous le faire restituer.

Une larme du baron se mêla au vin qu'il versa dans la coupe pour proposer un toast de reconnaissance au colonel Talbot et à la constante prospérité des maisons réunies de Waverley-Honour et de Bradwardine.

Il me reste à dire que, comme jamais souhait n'avait été plus sincère, jamais vœu, en ayant égard à l'instabilité des choses humaines, n'a été plus heureusement accompli.

# CHAPITRE LXVII.

Post-scriptum qui aurait dû être la préface.

Aimable lecteur, voilà notre voyage terminé. Si, dans ces volumes, la patience ne vous a jamais abandonné, je suis forcé de convenir que vous avez rempli vos engagemens avec l'exactitude la plus scrupuleuse. Cependant, à l'exemple du conducteur qui, non content d'avoir été payé généreusement, vient encore vous importuner pour vous demander humblement le *pour boire*, j'oserai vous prier de mettre le comble à votre complaisance par un léger supplément. Au reste, il dépend de vous de fermer le livre de l'un, comme vous pourriez fermer votre porte à l'autre.

Ce chapitre aurait dû servir de préface ; mais deux

raisons m'ont déterminé à lui donner la place qu'il occupe. Premièrement, la plupart des liseurs de romans, comme ma propre conscience me le rappelle, sont très-enclins au péché d'omission, pour ce qui est des préfaces ; secondement, c'est une coutume assez générale, dans cette classe de lecteurs, de commencer un livre par le dernier chapitre. De sorte que, après tout, ces observations, reléguées à la suite de mon histoire, ont la chance d'être lues en leur lieu et place.

Il n'est pas de nation en Europe qui, dans le cours d'un demi-siècle ou guère plus, ait éprouvé un changement aussi complet que le royaume d'Écosse. On doit compter parmi les causes premières de ces innovations, les effets de l'insurrection de 1745, l'abolition de la puissance patriarcale des chefs de clan et de la juridiction féodale des barons et de la noblesse des Lowlands; enfin l'entière extinction du parti jacobite, qui, craignant de se confondre avec les Anglais, ou d'adopter leurs usages, se fit long-temps un point d'honneur de conserver les mœurs et les antiques coutumes écossaises. L'accroissement progressif des richesses et l'extension du commerce ont depuis contribué à rendre les Écossais de nos jours aussi différens de leurs ancêtres que les Anglais actuels diffèrent de ceux qui vivaient sous la reine Élisabeth.

Les effets de tous ces changemens, pour ce qui regarde les opinions et l'économie politique, ont été retracés avec talent et précision par lord Selkirk (1); mais, quoique cette révolution importante se soit faite

(1) *Observations on the Highlands and emigration.* Voyez aussi l'introduction de *la Légende de Montrose.* — Éd.

d'une manière très-rapide, elle n'a pu s'opérer que par degrés. Les passagers qui se sont embarqués sur un fleuve profond et tranquille ne peuvent s'apercevoir de la distance qu'ils ont parcourue, qu'en portant leurs regards en arrière, vers le point du départ.

Ceux de nos contemporains qui se rappellent les vingt-cinq dernières années du dix-huitième siècle, reconnaîtront la vérité de cette assertion, surtout s'ils ont été liés avec quelques membres de ces familles qu'on appelait, dans mon enfance, *les gens du vieux levain,* à cause de leur attachement fidèle et sans espoir à la maison de Stuart. Cette race a presque entièrement disparu aujourd'hui, et avec elle beaucoup d'absurdes préjugés sans doute, — mais, en même temps, plusieurs exemples vivans de l'hospitalité, de la vertu, de l'honneur antique des Écossais, et d'un attachement désintéressé aux principes de loyalisme qu'ils avaient reçus de leurs pères.

Le hasard a voulu, quoique je ne sois pas né parmi les Highlanders ( et cet aveu doit me faire pardonner mes fautes contre la langue gaëlique ) que j'aie passé mon enfance et la plus grande partie de ma jeunesse au milieu de personnes telles que celles dont je viens de parler. C'est pour conserver le souvenir de ces mœurs et, de ces usages dont j'ai vu les dernières traces, que j'ai reproduit dans des scènes imaginaires, et attribué à des personnages fictifs, une partie des événemens que j'avais entendu raconter par ceux qui y figurèrent comme acteurs. En effet les événemens les plus romanesques de cette histoire sont précisément ceux qui sont fondés sur des faits réels. La réciprocité de services entre un Highlander et un officier supérieur de l'armée du roi est littéralement vraie; l'accident du coup de fusil arriva à une dame de noble naissance, morte depuis peu, et qui fit la réponse héroïque prêtée ici à Flora. Il n'est pas un des gentilshommes obligés de se cacher après la bataille de Culloden, qui ne pût raconter des aventures plus étranges que celles de mes héros : la fuite de Charles-Édouard lui-même en serait l'exemple le plus remarquable.

Tout ce qui concerne la bataille de Preston et l'escarmouche de Clifton est emprunté au rapport d'un témoin oculaire, et rectifié sur l'*Histoire de la Rébellion*, par le respectable auteur de *Douglas* (1). Les gentilshommes écossais des Lowlands et les personnages subalternes ne sont pas donnés ici pour des portraits individuels, mais comme la personnification des mœurs générales de cette époque, dont j'ai vu quelques traces dans ma jeunesse, ou que j'ai recueillies par la tradition.

Mon but a été de peindre ces caractères, non par une caricature exagérée du dialecte national, mais par leurs habitudes, leurs mœurs et leurs sentimens; de manière à rivaliser de loin avec ces admirables portraits irlandais que nous devons à miss Edgeworth, et si différens de ces tendres amours qui depuis long-temps formaient le fonds invariable de tous nos romans et de nos pièces dramatiques.

Je n'ai pas cependant une grande confiance dans la manière dont j'ai rempli mon plan; j'étais même si peu satisfait de mon ouvrage, que je l'avais mis de côté sans l'avoir fini, et que je ne l'ai retrouvé que par hasard parmi d'autres papiers de rebut où il était resté égaré plusieurs années. Dans cet intervalle, il a paru sur des

(1) J. Home.— Éd.

sujets semblables deux ouvrages sortis de la plume de deux dames célèbres : je veux parler de *Glenburnie*, par miss Hamilton, et du dernier *Traité des Superstitions des Highlands*. Mais *Glenburnie* ne fait connaître que les mœurs pastorales d'Écosse, en les décrivant, il est vrai, avec une fidélité frappante; et le livre de la spirituelle mistress Grant de Laggan sur nos traditions nationales, ne ressemble en rien au récit imaginaire que j'ai essayé de composer.

Je voudrais donc me persuader que mon ouvrage ne sera pas sans intérêt pour le lecteur. Les vieillards y trouveront des scènes dont ils furent témoins dans leur jeunesse, et la génération qui s'élève pourra se faire quelque idée des mœurs de ses ancêtres.

Cependant je regrette que la tâche de retracer ce tableau des mœurs de notre pays n'ait pas occupé les loisirs du seul auteur écossais capable de s'en acquitter avec succès, de cet auteur si éminent dans notre littérature, et dont les esquisses du colonel Caustic et d'Umphraville révèlent déjà tant de traits de notre caractère national (1). J'aurais eu plus de plaisir à le lire que je n'en éprouverai dans l'orgueil d'un succès, en supposant que les pages précédentes me procurent cette gloire enviée.

M'étant déjà écarté de l'usage en plaçant ces réflexions

---

(1) L'auteur fait ici allusion aux ouvrages de Henry Mackenzie, avant de lui dédier *Waverley*. Cet éloge de Mackenzie se retrouve à peu près avec les mêmes expressions et la même citation dans la *Biographie des Romanciers*, par sir Walter Scott. Le colonel Caustic est un des personnages fictifs du *Flâneur* (*Lounger*), et Umphraville est un de ceux du *Miroir*, ouvrages périodiques du genre du *Spectateur*. — Éd.

à la fin de l'ouvrage qui les a inspirées, je risquerai de violer encore une fois les formes en terminant le tout par une dédicace :

CES VOLUMES

ÉTANT RESPECTUEUSEMENT DÉDIÉS

A

NOTRE ADDISON ÉCOSSAIS,

# HENRY MACKENZIE,

PAR

UN ADMIRATEUR INCONNU

DE

SON GÉNIE.

FIN DE WAVERLEY (1).

(1) En terminant la lecture de cette traduction nouvelle de WAVERLEY, nous ne pouvons nous empêcher de remarquer que ce roman, le premier de l'auteur par ordre de date, et cité fréquemment en Écosse comme le plus original, sinon comme le meilleur dans son ensemble, était jusqu'à présent le moins connu de tous en France : si la faute en était aux traductions précédentes, nous osons espérer que dans celle-ci, *calquée* du moins avec plus d'exactitude sur l'original, on trouvera une expression plus franche du récit et du dialogue, les allusions locales religieu-

sement respectées, et même quelquefois la couleur des descriptions imitée assez heureusement. N'étant pas étranger à ces améliorations, l'Éditeur (1) a sans doute tort de les signaler lui-même; trop heureux si ses nombreuses notes n'ont impatienté que cette classe de lecteurs en faveur de qui sir Walter Scott termine ces volumes par sa préface. Cependant cette espèce de commentaire que nous avons tâché de rendre parfois anecdotique, a été réclamé comme indispensable pour *Waverley* et les autres romans écossais (*scotch novels*) non-seulement en Angleterre, mais en Écosse même, où l'empreinte de l'antique physionomie nationale s'efface tous les jours davantage sous les costumes nouveaux et par l'effet des mœurs nouvelles : ce besoin de notes a été avoué par M. Lockhart, gendre de sir Walter, et probablement autorisé à faire cet aveu dans la *Revue périodique*, dont il est rédacteur. Il nous restera donc le seul regret de n'avoir pas mieux rempli notre tâche. Nous avons désigné dès la première note les ouvrages qui peuvent suppléer à nos oublis ou à nos indications, quelquefois imparfaites, sur les coutumes et les allusions locales. La partie historique de Waverley, dans les deux derniers volumes, fera désirer également au lecteur de consulter les diverses publications qui peuvent compléter l'histoire de la guerre civile de 1745. La tradition de cette époque est si familière aux compatriotes de l'auteur, qu'après avoir décrit d'une manière si dramatique l'affaire de Preston ou Gladsmuir, il a pu négliger les événemens non moins importans qui suivirent cette première victoire. Malheureusement *Redgauntlet*, où l'auteur a peint les derniers soupirs du jacobitisme en Écosse, et qui semble d'abord une suite de *Waverley*, nous transporte bien au-delà de la bataille de Culloden. Cette espèce de lacune est surtout à regretter en France, où nous ne connaissons de l'expédition du Prétendant que l'élégant précis qu'en a tracé Voltaire d'après des documens inexacts. En Angleterre même il manque encore une histoire complète de Charles-Édouard, quoique depuis quelques années les matériaux de cette histoire soient devenus plus abondants. L'*Histoire de la Rébellion*, par

---

(1) Il est juste de remarquer que pour *Waverley*, comme pour les autres romans de cette collection, l'Éditeur et le Traducteur ne doivent point être confondus ensemble, et ne sont nullement solidaires de leurs notes respectives.

Home, a une fausse couleur d'impartialité, car en histoire les omissions sont quelquefois aussi perfides que les mensonges, et l'on sait que Home avait soumis son livre aux ratures du duc de Cumberland. Les *Mémoires du chevalier de Johnstone* peuvent servir à rectifier plusieurs faits, et contiennent des détails peu connus; mais, comme tous les auteurs de Mémoires, le chevalier s'est plus occupé de lui-même que du Prince, qu'il sacrifie peut-être aussi légèrement à de petits griefs particuliers. L'ouvrage qui abonde le plus en révélations piquantes, si on les dégage de quelques détails inutiles, c'est l'important recueil intitulé: *Culloden's papers*, publié par les héritiers de Duncan-Forbes, lord président de la cour des sessions. Ce magistrat joua un rôle important dans les événemens de 1745, et le recueil de sa correspondance prouve qu'il tint entre les mains tous les fils de la conspiration jacobite. C'est en s'aidant de ces nombreux matériaux et des traditions recueillies sur les lieux, qu'on pouvait composer enfin une histoire impartiale du dernier des Stuarts. Nous savons que cette histoire existe en manuscrit, et nous profitons de cette occasion pour inviter l'auteur (M. Donald Mac-L...) à publier un ouvrage dont on peut dire comme sir Walter Scott de son *Waverley*, que les événemens les plus romanesques en sont peut-être les plus avérés. — Éd.

# ŒUVRES COMPLÈTES
DE
# SIR WALTER SCOTT.

Cette édition sera précédée d'une notice historique et littéraire sur l'auteur et ses écrits. Elle formera soixante-douze volumes in-dix-huit, imprimés en caractères neufs de la fonderie de Firmin Didot, sur papier jésus vélin superfin satiné; ornés de 72 *gravures en taille-douce* d'après les dessins d'Alex. Desenne; de 72 *vues* ou *vignettes* d'après les dessins de Finden, Heath, Westall, Alfred et Tony Johannot, etc., exécutées par les meilleurs artistes français et anglais ; de 30 *cartes géographiques* destinées spécialement à chaque ouvrage ; d'une *carte générale de l'Écosse*, et d'un *fac-simile* d'une lettre de Sir Walter Scott, adressée à M. Defauconpret, traducteur de ses œuvres.

### CONDITIONS DE LA SOUSCRIPTION.

Les 72 volumes in-18 paraîtront par livraisons de 3 volumes de mois en mois ; chaque volume sera orné d'une *gravure en taille-douce* et d'un titre gravé, avec une *vue* ou *vignette*, et chaque livraison sera accompagnée d'une ou deux *cartes géographiques*.

Les *planches* seront réunies en un cahier séparé formant *atlas*.

Le prix de la livraison, pour les souscripteurs, est de 12 fr. et de 25 fr. avec les gravures avant la lettre.

Depuis la publication de la 3e livraison, les prix sont portés à 15 fr. et à 30 fr.

### ON NE PAIE RIEN D'AVANCE.

*Pour être souscripteur il suffit de se faire inscrire à Paris*

### Chez les Éditeurs :

A. SAUTELET ET Cº,
LIBRAIRES,
Place de la Bourse.

CHARLES GOSSELIN, LIBRAIRE
DE S. A. R. M. LE DUC DE BORDEAUX,
Rue St.-Germain-des-Prés, n. 9.

www.ingramcontent.com/pod-product-compliance
Lightning Source LLC
Chambersburg PA
CBHW050644170426
43200CB00008B/1144